Nikolaus von Kues
über
Ethik und Politik

Nikolaus von Kues

über

Ethik und Politik

ausgewählt, zusammengestellt
und erläutert von
Gerhard Krieger/Simone Thomas

Paulinus

Impressum
Die Deutsche Bibliothek – CIP-Einheitsaufnahme
Die Deutsche Bibliothek verzeichnet diese Publikation
in der Deutschen Nationalbibliografie; detaillierte
bibliografische Daten sind im Internet unter
http://www.dnb.ddb.de abrufbar.

1. Auflage 2007
Umschlaggestaltung und -konzeption | Adriana Walther
Abbildung Umschlag | Skulptur "Gerechtigkeit" von Andre Bucher
Satz | Hans Werner Fischer
Druck | Krüger Druck und Verlag, Dillingen

ISBN | 978-3-7902-0185-7
www.paulinus.de

Inhaltverzeichnis

Vorwort

Die vorliegende Publikation „Nikolaus von Kues über Ethik und Politik“ ist das Ergebnis eines Projektes zur Ethik und Politik des Cusanus, das von der Nikolaus-Koch-Stiftung finanziert wurde.

Wir danken der Nikolaus-Koch-Stiftung für die Unterstützung.

G. Krieger / S. Thomas
Trier 2007

Einführung in die Thematik

Jeder Mensch steht immer wieder vor der Frage, was er in bestimmten Situationen tun oder lassen soll. Jeder Mensch macht die Erfahrung, dass er etwas getan hat, was er nicht hätte tun sollen. Jeder Mensch beurteilt sein eigenes Handeln und das anderer nach Maßstäben, hinter denen er und die anderen immer wieder zurückbleiben. Erfahrungen und Fragen dieser Art sind es, mit denen sich die philosophische Ethik und Politik befasst – ungeachtet ihrer noch näher zu skizzierenden sachlichen und historischen Differenzierung.

Das Zugeständnis, das dieses philosophische Nachdenken und Gespräch über unser Handeln verlangt, ist minimal. Wer zugesteht, dass sich Gut und Böse unterscheiden, mit dem kann man gemeinsam überlegen und besprechen, was gut, was böse, was richtig und was falsch ist. Nach aller menschlichen Erfahrung sind es jedoch nicht immer und nie allein unsere Einsichten, die unser Handeln bestimmen. Dieser Unterschied setzt der Bedeutung des angesprochenen Nachdenkens und Gesprächs für unser Handeln Grenzen. Philosophische Ethik und Politik vermag nicht die Unentschiedenheit außer Kraft zu setzen, in der sich unser Wollen unserem Erkennen gegenüber verhält und die den Grund unserer Freiheit ausmacht. Wer philosophische Ethik und Politik betreibt, ist deswegen nicht notwendig gut.

Gemäß ihrem bisher beschriebenen Selbstverständnis stellt philosophische Ethik und Politik also das vernünftige Bemühen um Maßstäbe menschlichen Handelns dar. Dabei geht es ihr durchaus um allgemein verbindliche Maßstäbe. Zugleich sucht sie der Einsicht in kulturelle Vielfalt und Verschiedenheit menschlichen Handelns Rechnung zu tragen.

In den folgenden Überlegungen soll zunächst ein kurzer Überblick über die antiken Ursprünge der philosophischen Ethik und Politik gegeben werden. Danach werden ihre zentralen Themen erläutert. Dies geschieht am Leitfaden der von Cusanus angesprochenen Aspekte. Auf diese Weise führen die einzelnen Abschnitte zugleich zu den im vorliegenden Band zusammengestellten Texten und deren Erläuterungen hin. Zum Abschluss soll auf die Frage der aktuellen Bedeutung der Auffassung des Kardinals eingegangen werden.

Philosophische Ethik und Politik

Zu den antiken Ursprüngen der philosophischen Ethik und Politik

Die Geschichte der philosophischen Ethik und Politik beginnt im 5. Jhd. v. Chr. im griechischen Athen. Die städtische Kultur mit wachsenden Ansprüchen an Bildung und die athenische Demokratie mit wachsenden Ansprüchen an politischer Beteiligung bilden den Hintergrund dieses Vorgangs. Die sogenannten Sophisten, intellektuelle Wanderlehrer, unterscheiden in diesem Zusammenhang zwischen *„nomos"* (Brauch, Herkommen) und *„physis"* (Natur). Sie setzen auf diese Weise voraus, dass die überkommenen, gesellschaftlich geltenden Regeln und Normen den von Natur aus maßgeblichen Belangen, die die wahren und eigentlichen Interessen des Menschen ausmachen, nicht gerecht werden.

Vor dem Hintergrund dieser Unterscheidung zwischen Nomos und Physis lautet die das Denken Platons (ca. 427 – ca. 347 v. Chr.) insgesamt bestimmende Frage, in den Worten seines Lehrers Sokrates formuliert: Welches ist das gute bzw. das beste Leben, das dem Menschen möglich ist? Zur Beantwortung dieser Frage entwirft Platon eine Lehre vom Menschen, eine Anthropologie, die umschreibt, was das Beste oder Eigentliche für den Menschen ausmacht, weiter eine Lehre vom „Staat", die angibt, wie der Mensch dieses Beste zu realisieren vermag, und schließlich eine Lehre von der Wirklichkeit, die entfaltet, was die wahre und eigentliche Realität ausmacht. Insofern steht die philosophische Ethik und Politik bei Platon im Zusammenhang seiner philosophischen Gesamtsicht, aus der sich entsprechend die Antwort auf die Frage nach dem Guten für den Menschen ergibt.

Von sophistischer Seite aus wird zwischen tradierten Regeln und Maßstäben einerseits und von Natur aus geltenden, wahren und eigentlichen Normen und Gütern andererseits unterschieden. Darin liegt insofern die Gefahr des Relativismus, als alles, was nicht zum Bereich des natürlich Gebotenen gehört, allenfalls eingeschränkte Verbindlichkeit zu besitzen vermag. Platon begegnet dieser Gefahr, indem er das Gute als eine gegenüber sowohl der Tradition als auch der Natur unterschiedene Wirklichkeit betrachtet und dem Guten insoweit einen transzendenten oder metaphysischen Status zuspricht. Demgemäß vermag allein die ihrer Natur nach unvergängliche Erkenntnis die tatsächliche Realisierung des Guten zu gewährleisten. Wer das Gute erkennt, handelt gut.

Aristoteles (384–322 v. Chr.) teilt mit Platon das Interesse an der Frage nach dem für den Menschen Guten und Besten. Ebenso identifiziert er dieses nicht mit dem, was im überkommenen Sinne dafür gehalten wird. Anders allerdings als Platon sucht Aristoteles die Gründe und Maßstäbe für das infrage stehende Gute nicht in transzendenten Gehalten. Insofern löst der Letztgenannte die philosophische Ethik und Politik aus den Zusammenhängen mit dem, was als Wirklichkeit im eigentlichen Sinne gelten kann. Da Aristoteles das Gute und Gerechte nicht aus metaphysischen Voraussetzungen gewinnt, gilt er als der eigentliche Begründer philosophischer Ethik und Politik.

Zu den zentralen Gesichtspunkten der aristotelischen Betrachtungsweise zählt die Auffassung vom menschlichen Glück. Aristoteles knüpft an das überkommene Verständnis des Glücks insoweit an, als damit die Vorstellung eines höchsten und letzten Guten für den Menschen verbunden wird. Aristoteles macht allerdings weiter kritisch geltend, wie ungenügend die Auffassungen sind, die annehmen, dieses Glück realisiere sich in Reichtum, Lust, Ansehen und

Macht. Schließlich verdeutlicht Aristoteles, dass wir das Glück durchaus bewusst anstreben und bewirken können. Zu dem, was in diesem Sinne geglücktes Tun darstellt, zählen Freundschaften, die Gründung einer Familie und die Übernahme von Verantwortung in Beruf und Gesellschaft. Menschliches Glück ist somit weder bloß Inbegriff der Erfüllung subjektiver Bedürfnisse, Interessen und Zielsetzungen, noch stellt das Glück einen jenseits der tatsächlichen menschlichen Handlungsmöglichkeiten liegenden Zustand dar. Vielmehr unterliegt die Realisierung des Glücks menschlicher Handlungskompetenz. Insoweit ist das Verhältnis zwischen dem konkreten Tun und der Erfüllung durchaus objektiver und damit allgemeiner Natur. Zugleich bewegt man sich dabei immer im Horizont des für den Menschen Guten und damit immer im Raum des individuellen Guten.

Praktische Vernunft und Gutsein

In den einleitenden Vorbemerkungen wurde darauf hingewiesen, dass das philosophische Nachdenken über unser Handeln das Zugeständnis voraussetzt, dass sich Gut und Böse unterscheiden. Insofern richtet sich das Nachdenken im Feld philosophischer Ethik und Politik auf moralische Ansprüche, und diese werden wiederum als diejenigen aufgefasst, welche die Vernunft an unser Handeln stellt. Zur Erläuterung sei an das Beispiel eines guten Lehrers angeknüpft. Setzen wir voraus, dass ein guter Lehrer genannt zu werden verdient, wer seinem Schüler Selbsterkenntnis ermöglicht, und zwar in dem Sinne, dass der Schüler sich selbst begreifen kann als denjenigen, der vollziehendes Subjekt von Erkenntnis zu werden imstande ist. Insoweit lässt sich die Tätigkeit des Lehrers durchaus vergleichen mit der eines Tischlers, den wir einen guten nennen, sofern das Ergebnis seiner Arbeit, d. h. etwa ein Tisch oder ein Stuhl, gut im Sinne von zweckmäßig ist. Die Güte des Lehrerseins und des Tischlerseins ist demnach insoweit die Gleiche, als beider Tätigkeit an ihrem Ergebnis im Sinne des Zweckmäßigen bemessen wird. Im Unterschied dazu ist mit der moralischen Differenz von Gut und Böse (oder richtig und falsch im moralischen Sinne) gemeint, dass etwa die Tätigkeit des Lehrers begleitet ist von dem Bewusstsein einer Beurteilung, die über das Zweckmäßige bzw. Unzweckmäßige hinausgeht.

Was aber ist dieses Gute näherhin und damit der Grund dafür, dass ein Tätigsein unter die Differenz von Gut und Böse fällt? Vorerst sei zu dieser Frage mit einem Beispiel Stellung genommen: Es dürfte unstrittig sein, dass wir es als im moralischen Sinne gut ansehen, wahrhaftig zu sein. Dabei verbinden wir mit dieser Auffassung durchaus zwei Aspekte, nämlich erstens, dass wir jemanden, den wir für wahrhaftig halten, als einen guten Menschen ansehen, im Unterschied dazu, ob er etwa ein guter Tischler oder Lehrer ist. Insoweit zählen wir das Moralische zu einem Leben, das für uns ein „richtig gelebtes“ ist und damit ein „sinnerfülltes“ oder „geglücktes“ Leben darstellt. Zweitens betrachten wir die Aufforderung zur Wahrhaftigkeit als eine durchaus allgemeine und uneingeschränkte Forderung. Das Beispiel veranschaulicht zunächst die skizzierte Aufgabe der philosophischen Ethik und Politik, ihre Frage nämlich nach allgemein gültigen Maßstäben menschlichen Handelns. Insofern stellt sich der philosophischen Ethik und Politik also die Frage, ob und warum gegebenenfalls Wahrhaftigkeit ein allgemein gültiger Maßstab für unser Handeln ist. Weiter zeigt sich an diesem Beispiel im Blick auf die Frage nach dem Grund dafür, dass eine Tätigkeit unter die Differenz von Gut und Böse fällt, so viel: In der moralischen Betrachtung werden unsere Tätigkeiten in ihrem Verhältnis zu dem beurteilt, wer und was wir sind, in ihrer Bedeutung also für unser individuelles Menschsein. Und das entscheidet sich unter dem Aspekt des Ziels oder Sinns unseres Lebens im Ganzen.

Der Mensch vermag kraft seiner Erkenntnis verschiedenen beliebigen Dingen zuzuerkennen, für ihn gut und erstrebenswert zu sein und damit zu Zielen zu werden. Darin unterscheidet er sich insoweit vom Tier, als dieses nur bestimmte, gemäß der jeweiligen Art definierte Gegenstände zu Zielen zu wählen vermag. Darüber hinaus werden diese nicht erstrebt, insofern sie erkannt werden, sondern diese Gegenstände wirken in eigener Kraft auf das betreffende tierische Lebewesen. So kreist der Mäusebussard nicht über einem Acker, weil er dort Mäuse sucht. Vielmehr handelt es sich um ein Suchverhalten, welches denjenigen Merkmalen gilt, die kraft eines Naturprogramms das Suchverhalten in die Verhaltenssequenzen „Beute schlagen" und „Beute fassen" überleiten. Im Unterschied dazu werden dem Menschen die Dinge erst dann zu Zielen, wenn er sie als solche erkannt hat. Insofern wird dem Menschen nichts ohne Überlegung zum Ziel, und kraft dieser kann ihm alles zum Ziel werden. Auf diese Weise sind wir in der Lage, unserem Leben als Ganzem ein Ziel zu geben, etwa ein verlässlicher und gerechter Mensch zu werden. Ebenso kann Wahrhaftigkeit oder Hilfsbereitschaft ein Ziel für uns werden, und zwar derart, dass wir diesem uneingeschränkten Vorrang vor allen anderen Zielen einräumen.

Der Grund dafür, dass wir ebenso einzelne Ziele wie ein unser Leben insgesamt bestimmendes Ziel zu erkennen und zu verfolgen imstande sind, ist unsere praktische Vernunft. Insofern ist diese in ihrer Spontaneität und Ursprünglichkeit der Grund dafür, dass eine Tätigkeit unter die Differenz von Gut und Böse fällt. Die moralische Differenz ist der menschlichen Vernunft also nicht vorgegeben, sondern durch sie selbst begründet.

prakt. Vernunft + Gutsein

Cusanus spricht diese Spontaneität und Ursprünglichkeit der praktischen Vernunft in seinen aus dem Werk *De docta ignorantia* entnommenen Überlegungen in zweifacher Hinsicht an: Zum einen beschreibt Cusanus die praktische Vernunft in ihrer Wirksamkeit: Der menschliche Geist urteile sowohl über Gutsein und Gerechtigkeit, wie er ebenso tadele, wenn wir vom Rechten abweichen. Die praktische Vernunft gibt also sowohl das Ziel des Guten und Gerechten und damit die Richtung menschlichen Handelns vor, wie sie das Ziel in normativen Sinne, als ein zu Tuendes (*„Du sollst gut und gerecht sein!“*) vorgibt. Zweitens hebt Cusanus hervor, dass die menschliche Vernunft dies in ursprünglicher und spontaner Weise tut, indem er feststellt, dass der menschliche Geist dazu von Natur aus befähigt sei und nicht erst aufgrund von Übung.

In *Predigt n. 272* bringt der Kardinal diese Auffassung in Bezug auf sein Verständnis des Naturgesetzes (*lex naturalis*) zum Ausdruck: Zum einen benennt Cusanus den vernünftigen Geist des Menschen als den Ursprungsort des natürlichen Gesetzes. Zum anderen legt Cusanus den praktischen Sinn des Naturgesetzes dar: Dieser Sinn zeigt sich zunächst in dem Grundsatz der Unterscheidung von Gut und Böse sowie dessen normativer Natur (*ostendit etiam lex illa mores bonos differe a malos et bonos eligendos*). Insoweit reflektiert Cusanus in dieser Predigt in Parallele zum zuvor analysierten Text die Begründung der praktischen oder moralischen Differenz in ihrer objektiven und in ihrer subjektiven Hinsicht. Hinzu tritt der Hinweis, dass der praktische Grundsatz seine Weitergabe im Modus praktischen Wissens einschließt (*est docilis, eo quod intellecta familiaribus suis scit esse revelanda*). Insofern gibt Cusanus in der Predigt zusätzlich die Begründung praktischen oder moralischen Wissens als solchen und damit auch die seiner eigenen konkreten Predigttätigkeit.

Die Bedingtheit menschlichen Handelns

Über die Aufgabe der Begründung allgemein gültiger Maßstäbe für die moralische Beurteilung hinaus ist die philosophische Ethik und Politik, so war eingangs gesagt worden, an der Bedeutung der kulturellen Vielfalt und Verschiedenheit für diese Beurteilung interessiert. Beispielhaft kann dieser Aspekt an folgender Überlegung verdeutlicht werden: Wenn jemand vor vierzig Jahren auf die Idee gekommen wäre, im eigenen Garten einen Baum zu fällen, hätte der Nachbar vielleicht gefragt, ob er etwas von dem Holz bekommen könnte. Heute riefe möglicherweise ein Spaziergänger die Polizei. Allgemein gesagt hat unsere Einstellung der Natur gegenüber sich dahingehend geändert, dass wir heute eine Tätigkeit wie das Fällen von Bäumen auf eine Weise unter moralischen Gesichtspunkten beurteilen, die vor nicht allzu langer Zeit nicht vorgekommen oder jedenfalls nicht üblich gewesen wäre.

Moralische Beurteilungen können sich also durchaus wandeln. Das entspricht zunächst insoweit der beschriebenen Ursprünglichkeit und Spontaneität der praktischen Vernunft, als diese zur Um- und Neubestimmung von Handlungszielen und damit zu moralischer Um- und Neubewertung imstande ist. Wie das geschilderte Beispiel ebenso erkennbar macht, stellen solche Beurteilungen zugleich Handlungsbedingungen dar, nämlich insoweit, als etwa der Anruf bei der Polizei Folgen haben könnte, die sich zum früheren Zeitpunkt nicht ergeben hätten. Von Handlungsbedingungen in der Art der moralischen Beurteilungen gilt, dass sie sich ihrer Existenz nach (die in ihrer moralischen Verbindlichkeit zum Vorschein kommt) uns selbst, d.h. menschlicher Auffassung und Wirksamkeit, verdanken, wenn auch nicht ohne weiteres dem Wirken dessen, der die Beurteilung vornimmt.

Mit der moralischen Beurteilung verbinden sich also zwei Aspekte, nämlich der des Handlungszieles oder Handlungssinnes und der einer Handlungsbedingung. Im Sinne dieser beiden Aspekte spricht Nikolaus von Kues in seinen Überlegungen in *De coniecturis* über die moralischen Tugenden: Es gibt einen Gewöhnungseffekt in der Entscheidung sowohl zum Guten als auch zum Bösen, eine habitualisierte Entscheidungsbereitschaft oder Entscheidungsneigung. Wer sich daran gewöhnt hat, hartherzig oder zornig zu sein, der ist zwar noch grundsätzlich zu einer anderen Handlungsweise imstande und frei. Konkret ist seine Freiheit allerdings durch Gewöhnung so eingeengt, dass am Ende sogar die Wahrnehmungsfähigkeit des Betreffenden und damit die Möglichkeit zur Korrektur durch vernünftige Einsicht be- oder verhindert wird. In vergleichbarer Weise gibt es einen Übungseffekt und sogar eine Universalisierung zum Guten: Wer einmal die Kraft zur Wahrhaftigkeit hatte, dem fällt sie beim nächsten Mal leichter, und wer einmal dem anderen gegeben hat, was diesem zustand, vermag dies bei der nächsten Gelegenheit leichter. Diese Gewöhnung an das Gute ist eine des Wollens, insofern verbindet sie sich durchaus mit einer Zielbestimmung unseres Handelns kraft praktischer Vernunft, und damit ist sie (moralische) Tugend und nicht Fertigkeit oder Kunst.

Weiter kennzeichnet der Kardinal im angesprochenen Text die moralische Beurteilung als eine innere Handlungsbedingung: Diese ist als solche ausschließlich in die Hand des handelnden Menschen selbst gelegt. Insofern unterliegt sie einerseits allein dem menschlichen Wollen und damit unserer Freiheit. Andererseits ist sie aber Handlungsbedingung. Damit erscheint hier eine unüberwindbare Dialektik von Freiheit und Bedingtheit menschlichen Handelns: Gerade die freiwillige Übernahme der inneren Bedingtheit unseres Handelns ist für uns wesentlicher Akt unserer Freiheit. Auf diese

Weise unterscheidet sich die innere Bedingung der moralischen Beurteilung schließlich von allen äußeren Handlungsbedingungen, über die der Handelnde nur in einem mehr oder weniger großen Maße selbst verfügen kann.

Gemäß der skizzierten Wandelbarkeit ist die bisher ins Auge gefasste Handlungsbedingung der moralischen Beurteilung historischer Natur. Gemäß ihrer moralischen Natur handelt es sich im Besonderen um handlungsbezogene Ansprüche der menschlichen Vernunft. *Eine zweite Handlungsbedingung ist soziokultureller Natur:* Mit den beschriebenen moralischen Bedingungen verdanken diese sich ihrer Existenz nach menschlichem Verständnis und Wirken. Insofern sind soziokulturelle Handlungsbedingungen ebenfalls historischer Natur. Ihre Besonderheit liegt in der Wertschätzung, die wir einer Sache entgegenbringen. Die soziokulturellen Handlungsbedingungen sind also nicht Tatsachen, sondern Wertschätzungen oder Bewertungen, nicht Umstände, sondern Einstellungen. Die Wertschätzung drückt sich etwa in der Stellungnahme aus: „Mir gefällt, dass ich (z. B.) mein Leben selbst gestalten kann.“ Gerät man in die Situation, entscheiden zu müssen, ob man die Pflege der Eltern übernimmt, kann sich eine nicht unerhebliche Einschränkung der tatsächlichen Gestaltbarkeit des eigenen Lebens ergeben. In dieser Situation gewinnt die Selbstgestaltbarkeit des eigenen Lebens den Charakter eines Anspruchs oder einer Verbindlichkeit, die über die Wertschätzung hinausreicht. Auf diese Weise muss der Anspruch, sein eigenes Leben gestalten zu wollen, ins Verhältnis zur ebenso als Anspruch wahrgenommenen Verantwortung gegenüber den Eltern gebracht werden.

Die dritte Art von Handlungsbedingung ist natürlicher oder biologischer Natur. Im Unterschied zu den bisher beschriebenen historischen Handlungsbedingungen fehlt bei den natürlichen oder biologischen Handlungsbedingungen, was ihre (von der moralischen Verbindlichkeit durchaus real unterscheidbare) Existenz betrifft, die ursächliche Bedeutung des Menschen. Eine derartige Bedingung stellt etwa geistige und körperliche Gesundheit oder das Alter dar: Wie die Zulassung zum Erwerb des Führerscheins belegt, sprechen wir Verantwortlichkeiten durchaus in Abhängigkeit vom Alter zu oder ab.

Zu diesen naturalen Handlungsbedingungen zählen diejenigen Voraussetzungen menschlichen Handelns, die Folge der Tatsache sind, dass der Mensch als Naturwesen eine Geschichte hat. Das menschliche Leben als biologischer oder naturaler Tatbestand ist zwar für sich gesehen eine flüchtige Erscheinung, in seinen Äußerungen, d.h. als Verhalten betrachtet, stellt es aber durchaus eine stabile Größe dar. Gemäß diesem im Besonderen durch Charles Darwin entwickelten evolutionären Verständnis haben alle stabilen Merkmale des Verhaltens einer bestimmten Art ihren Grund in der Geschichte dieser Art. Dass die meisten Hunde sich im Kreise drehen, bevor sie sich hinlegen, hat seinen Grund nicht in gegenwärtigen Lebensnotwendigkeiten, sondern in der Geschichte der Art: Für den Hund als Grassteppenbewohner war es sinnvoll, das Gras zunächst durch Drehungen niederzudrücken, bevor er sich hinlegte. Zu vergleichbaren Ergebnissen haben die auf das menschliche Verhalten ausgerichteten Forschungen geführt, etwa was das naturgeschichtliche Fundament menschlicher Sozialität oder was das Bedingungsverhältnis von Aggressions- und Bindungsfähigkeit angeht. Generell kann festgehalten werden, dass naturgeschichtlich fundierte wie naturale bzw. biologische Handlungsbedingungen insgesamt eine Grenze darstellen. Diese ist zwar nicht strikt unverrückbar. Sie kann aber auch nicht, wenn sie einmal gegeben ist, folgenlos übersehen werden.

Zusammenhang und Differenz von Ethik und Politik

Moralische Handlungsbedingungen, so ist festgestellt worden, sind handlungsbezogene Vernunftansprüche. Ihre Differenz zu soziokulturellen Handlungsbedingungen liegt darin, dass sie als Ansprüche wahrgenommen werden, die im gegebenen Falle miteinander in Konkurrenz treten können und eine Entscheidung erfordern, die sich nicht nur in einem mehr oder weniger großen Gefallen zum Ausdruck bringt, sondern in einer bestimmten Handlung. Das Beispiel der Veränderung in Bezug auf den Umgang mit Natur zeigt, dass sich moralische Beurteilungen und die daraus resultierenden Handlungen durchaus ändern können.

Insofern die moralischen Beurteilungen sich der praktischen Vernunft verdanken, entspringen sie menschlicher Handlungsbefähigung, ohne dass deswegen jede einzelne individuelle Entscheidung eine Veränderung moralischer Beurteilungen in einer dem skizzierten Beispiel vergleichbaren Weise zur Folge hätte. Auf diese Weise zeigt das Beispiel ebenso, dass wir in unseren individuellen Handlungen durchaus nach allgemeinen Gesichtspunkten und Beurteilungen entscheiden und tätig sind, ohne dass diese je für sich unserer individuellen Verantwortung und Freiheit entsprüngen.

Auf diese Weise rücken der Zusammenhang und die Differenz von Ethik und Politik in den Blick. In Bezug darauf sind verschiedene Aspekte zu unterscheiden: Zunächst können Ethik und Politik in ihrer Einheit im Verhältnis zur religiösen Orientierung gesehen werden. Insofern Ethik und Politik in dieser Einheit gemäß dem eingangs der vorliegenden Überlegungen skizzierten Verständnis auf das menschliche Handeln und dessen allgemeine Maßstäbe bezogen werden, geht es um das Verhältnis des menschlichen Handelns in seiner Beurteilung durch Ethik und Politik auf der einen Seite zu dessen darüber hinausgehender Sinnorientierung, soweit diese in religiöser Hinsicht betrachtet wird, auf der anderen Seite. In Bezug auf dieses Verhältnis spricht Cusanus in dem der Schrift *De docta ignorantia* entnommenen Text vom Vorrang der religiösen vor der durch Ethik und Politik insgesamt erfolgenden Bestimmung des menschlichen Handelns. Dabei fordert er allerdings lediglich, dass die Bestimmung des Handelns durch Ethik und Politik die religiöse, auf Transzendenz ausgerichtete Sinnorientierung nicht ausschließen darf. Ein weiterer, dieses Verhältnis der religiösen Sinnorientierung erläuternder Text stellt die *Predigt n. XXIV* dar (vgl. dazu die Ausführungen im Abs. „Die Goldene Regel").

Der zweite Aspekt, unter dem Ethik und Politik näher betrachtet werden können, betrifft ihren Zusammenhang auf der einen Seite und ihre Differenz auf der anderen Seite. Über den Zusammenhang ist bisher gesagt worden, dass sich dieser ebenso aus der praktischen Vernunft ergibt, insofern diese in ihrer Spontaneität und Ursprünglichkeit den Grund für die moralische Dignität menschlichen Handelns darstellt, wie aus dessen skizzierten historischen und naturalen Bedingungen. Vor dem Hintergrund der gegenwärtigen Differenzierung von Ethik und Politik im Bereich von Philosophie und Wissenschaft fallen die hier entwickelten Überlegungen im engeren Sinne in das Feld der philosophischen Ethik.

Ein Thema, mit dessen Behandlung Ethik und Politik sich gleichermaßen befassen und das insoweit einen Übergang aus der Ethik zur Politik im jeweiligen engeren Sinne ermöglicht, stellt die Gerechtigkeit dar. Darauf wird im folgenden Abs. näher eingegangen werden. Ein Thema, das insoweit in den Zusammenhang von Ethik und Politik fällt, als es mit der Frage der allgemeinen Maßstäbe menschlichen Handelns zusammenhängt, das aber darüber hinaus im engeren Sinne in die Politik fällt, ist die Frage der Begründung von Herrschaft. Diese wird im Abs. „Herrschaft und Freiheit" behandelt werden.

Wollte man vor dem Hintergrund der bisherigen Darlegungen versuchen, die Frage nach allgemeinen Maßstäben menschlichen Handelns im Sinne von Ethik und Politik zu beantworten, könnten zwei Gesichtspunkte genannt werden, nämlich zum einen die praktische Vernunft in ihrer Ursprünglichkeit und Spontaneität und zum zweiten die historischen und naturalen Handlungsbedingungen. Der erstgenannte Gesichtspunkt wird in den Ausführungen zur Frage der Begründung von Herrschaft eine weitere Erläuterung erfahren. Der zweite Gesichtspunkt lässt sich im Blick auf die sogenannte „Goldene Regel" aufgreifen und erläutern.

Die „Goldene Regel"

Obwohl die mit dem Namen „Goldene Regel" bezeichnete Sache in der Geschichte des menschlichen Denkens schon relativ früh bekannt war, ist die Bezeichnung als solche doch erst seit dem 18. Jahrhundert in Gebrauch gekommen. Als Grundsatz, sich dem Nächsten gegenüber so zu verhalten, wie wir es von ihm uns gegenüber erwarten, gehört die Goldene Regel zu den Urformen menschlicher Soziabilität.

Die Goldene Regel erscheint in zwei Versionen, der positiven, die nach Matthäus 7, 12 und Lukas 6, 13 lautet: „Alles, was ihr wollt, dass euch die Leute tun sollen, das tut ihr ihnen auch", und der negativen: „Was du nicht willst, dass man dir tu, das füg auch keinem andern zu", wobei diese Version auf Tobias 4, 5 zurückgeht. Sinngemäß findet sich die Goldene Regel auch in vor- und außerchristlichen Traditionen. So lautet eine assyrische Parallele aus dem 7. Jh. v. Chr.: „Wer dir Böses tut, dem vergilt mit Gutem." Im westlichen Kulturkreis begegnet die Goldene Regel erstmalig sicher belegt bei Herodot. In seiner Antrittsrede nach dem Sturz des Polykrates beteuert Maiandrios, er wolle das, was er bei anderen tadle, nach Möglichkeit selbst nicht tun. Bei Griechen und Römern ist die Goldene Regel weit verbreitet, weniger bei Philosophen platonisch-aristotelischer Provenienz als in dem von der Sophistik geprägten Schrifttum und bei den Rhetoren, Historikern und Popularphilosophen, in Sentenzensammlungen und in der Dichtung. In der stoischen Tradition gilt die Goldene Regel als Maxime einer natürlichen Ethik, gleichsam als naturrechtliches Axiom. So zählt Seneca sie zu den Grundsätzen, deren Wahrheitsgehalt unmittelbar einleuchtend ist.

Im Kontext der Bergpredigt (Mt. 5–7) benennt die Goldene Regel als Zusammenfassung der göttlichen Forderungen im „Gesetz und den Propheten" den Inhalt dessen, was die „bessere Gerechtigkeit der Christen" darstellt. Als grundlegende ethische Maxime gilt sie nicht nur bei Matthäus, sondern in der ganzen frühchristlichen Literatur. Bei den altkirchlichen Apologeten dient die Goldene Regel als Beweismittel dafür, dass die christliche Religion die wahrhaft vernünftige Religion sei und die christliche Sittenlehre mit der natürlichen Sittlichkeit übereinstimme. Für Augustinus (354–430) erhebt die Goldene Regel das zu Sinn und Ziel menschlichen Daseins und Handelns, worin ein Leben gemäß dem Naturrecht (*ordo naturalis*) als der dem Menschen vorgegebenen Daseins- und Sinnordnung seine relative Erfüllung findet: Sich selbst und niemandem schaden zu wollen, heißt nichts anderes, als die allgemeinen Daseins- und Handlungsbedingungen zu respektieren. Auf diese Weise leitet Augustin zugleich die Gleichsetzung der Goldenen

Regel mit dem Naturrecht ein, wie sie sich schließlich im Decretum Gratiani, der Grundschrift des mittelalterlichen Kirchenrechts (entstanden zwischen 1125 und 1140) findet: Naturrecht heißt das, was in Gesetz und Evangelium enthalten und wodurch jeder gehalten ist, das, was man für sich selbst wünscht, auch anderen zu tun, und wodurch verboten ist, einem anderen etwas zuzufügen, was man für sich selbst nicht wünscht. Der Sache nach fällt damit die Ordnung der zwischenmenschlichen Beziehungen mit dem Naturrecht zusammen.

Cusanus knüpft an dieses Verständnis der Goldenen Regel zunächst insoweit an, als er diese als eine Handlungsbedingung auffasst und ihre inhaltliche Bestimmtheit aus anthropologischen Vorgaben gewinnt. Diese Auffassung des Cusanus sei hier im Blick auf die Schwierigkeit erläutert, dass die Goldene Regel die Frage aufwirft, inwieweit zwischen dem zu unterscheiden ist, was jemand in einer bestimmten Situation als für sich wünschenswert oder schädlich ansieht, und dem, was in seinem wohlverstandenen Interesse liegt bzw. nicht liegt. Im Sinne des Cusanus löst sich diese Schwierigkeit, vorerst mit einem Beispiel gesagt, folgendermaßen: In einer konkreten Situation ergibt sich die Frage, wie die Hilfeleistung einem in Not Geratenen gegenüber erfolgen kann. In Bezug auf diese Situation stellt die Forderung, den Mitgliedern der eigenen Familie nicht zu schaden, eine Konkretion der Goldenen Regel dar, die sich nach Maßgabe der anthropologischen Bedingungen menschlicher Sozialität und der Arterhaltung ergibt. Insofern steht in diesem Falle die nähere Bestimmung des nach Maßgabe der Goldenen Regel gebotenen Handelns unter der Voraussetzung der Anerkennung der Hilfeleistung als einer im moralischen Sinne guten Handlung. Weiter wird in der Konkretion des nach Maßgabe der Goldenen Regel gebotenen Handelns an der faktischen Existenz des Menschen angesetzt und diese im Lichte anthropologischer Hinsicht aufgefasst. Insofern ist in der ins Auge gefassten Situation das Gute die Hilfeleistung. Aber dieses Gute kann in diesem Fall nicht ohne Beachtung der Goldenen Regel realisiert werden. Allgemein gesprochen fungiert die Beachtung der Goldenen Regel damit als moralische Handlungsbedingung, aber nicht als Kriterium des Guten. Und ihre inhaltliche Bestimmtheit gewinnt die Goldene Regel gemäß ihrem Charakter als moralische Handlungsbedingung nach Maßgabe anthropologischer Aspekte.

Cusanus betrachtet darüber hinaus die Goldene Regel als zentrale Bedingung der Gerechtigkeit und diese als zentrale Tugend (*De aequalitate*). Auf diese Weise begrenzt Cusanus die ethische Betrachtung im Besonderen auf den zwischenmenschlichen Bereich. Insofern zeigt sich die enge Verknüpfung von Ethik und Politik im Verständnis des Cusanus. Dieser Aspekt wird ebenso daran deutlich, dass Cusanus die Goldene Regel hier in ihrer positiven Version zur Geltung bringt und insofern das menschliche Zusammenleben in seiner Gestaltbarkeit in den Blick nimmt. Ansonsten bleibt die Frage nach wahrhaft menschlichen Zielen bei Cusanus insoweit außer Betracht, als diese jedenfalls nur in dem Maße beurteilt werden, wie sie mit der Bedingung der Goldenen Regel nicht in Einklang stehen. In der Sache stellt Cusanus eine anthropologisch begründete Verbindung zwischen dem Zusammenhang von Gerechtigkeit und Gleichheit auf der einen Seite und der Goldenen Regel auf der anderen Seite her: Die Gerechtigkeit ist insoweit anthropologisch begründet, als mit ihr das zwischenmenschliche Verhältnis unter dem Gesichtspunkt der Gleichheit angesprochen wird. Der Mensch ist von Natur aus auf das Zusammenleben mit anderen angewiesen und ausgerichtet. Darin sind sich die Menschen gleich. Insofern ist das Leben in einer Gemeinschaft in dem Maße gerecht, wie es sich an dieser Gleichheit der Menschen orientiert. Die Festlegung des Handelns nach Maßgabe der Goldenen Regel erfolgt ihrerseits gemäß der zuvor skizzierten Weise unter anthropologischer Hinsicht. Deswegen garantiert im Ergebnis die Beachtung der Goldenen Regel das gerechte und damit das moralisch gute Handeln. Schließlich ist die Goldene Regel als innere Handlungsbedingung bzw. ihre Beachtung allein in die Macht des Handelnden selbst gestellt, während alle äußeren Handlungsbedingungen wie positive oder negative Schicksalsschläge, relativer Wohlstand, öffentliches Ansehen sowie persönliche Anerkennung und Wertschätzung mehr oder weniger zufällig sind (vgl. dazu *De coniecturis*).

Die dargelegte Bedeutung der Goldenen Regel als zentrale Handlungsbedingung im moralischen Sinne bringt Cusanus in zugespitzter Weise in *Predigt n. 272* zum Ausdruck, in der er die praktische oder moralische Differenz sowohl in ihrer objektiven und subjektiven Hinsicht kennzeichnet als auch gemäß ihrer Weitergabe im Modus praktischen Wissens anspricht. In diesem Zusammenhang fasst er nämlich seinerseits die Goldene Regel als den Inbegriff der in objektiver und subjektiver Hinsicht charakterisierten moralischen Differenz zusammen. Zugleich erläutert er auf diese Weise das Bild des auf den Weg der Gerechtigkeit (*via iustitiae*) gestellten Adam: Ziel und Gutes ist die Gerechtigkeit, der Weg dorthin, d. h. die Realisierung der Gerechtigkeit, erfolgt durch die Beachtung der Goldenen Regel. Damit wird zugleich dem Grundsatz der moralischen Differenz entsprochen, insofern sowohl die Verfolgung des Zieles der Gerechtigkeit als auch deren Realisierung nach Maßgabe der Goldenen Regel kraft der Einsicht des menschlichen Geistes erfolgen. Schließlich ist in eben dem Maße, in dem die Goldene Regel zentrale moralische Handlungsbedingung und Inbegriff des praktischen Wissens ist, das praktische Wissen seinerseits moralische Handlungsbedingung, insofern es als solches nicht selbst Ziel sein kann.

Die bisherigen Erläuterungen betrafen das Verständnis der Goldenen Regel bei Cusanus, soweit er ihr eine profane, von christlichen Voraussetzungen unabhängige Deutung gibt. Darüber hinaus stellt der Kardinal im Rahmen einer Auslegung zum ‚Vater-unser' in einer sowohl in Latein als auch in Moselfränkisch überlieferten Predigt von 1441 (*Predigt n. 24*) eine Verbindung zwischen der an Gott gerichteten Vergebungsbitte und der Goldenen Regel her. Näherin macht Cusanus zweierlei: Er bringt die Goldene Regel im religiösen Bereich zur Anwendung, und er gibt ihr eine spezifisch christliche bzw. religiöse Begründung. Auf diese Weise vollzieht Cusanus auf der einen Seite eine Trennung von Politik und Religion. Auf der anderen Seite entwirft er aber für den religiösen Bereich keine Sondermoral. Der Sache nach gilt hier der gleiche Grundsatz wie im nicht-religiösen Feld, wenn auch die Begründung eine spezifisch religiöse ist. Damit verändert Cusanus die Sicht des Verhältnisses von Politik und Religion insoweit, als er nicht eigentlich im Sinne einer Trennung als vielmehr zwischen sachlicher Einheit und, modern gesprochen, gesellschaftlicher Differenzierung der genannten beiden Bereiche unterscheidet.

In den Zusammenhang dieser Überlegung zur religiösen Auffassung der Goldenen Regel passt schließlich das Selbstverständnis der sozialen Praxis des Kardinals: Das Verhältnis von irdischen Taten und himmlischer Entlohnung, über das der Kardinal in der Stiftungsurkunde zum St. Nikolaus-Hospital in Kues Auskunft gibt (Anhang), kann im Licht der Auffassung der Goldenen Regel so gesehen werden: Da alle Menschen am Ende ihres irdischen Lebens vor „den Richterstuhl Christi" treten, um ihren Lohn oder ihre Strafe zu empfangen, möchte Cusanus ein Werk der Barmherzigkeit tun.

Denn für ihn steht fest, dass der Mensch das, was er im Himmel ernten will, auf Erden säen muss. Der Mensch kann demnach keinen Lohn vom Herrn erwarten, wenn er nicht Zeit seines Lebens barmherzige Werke tut. Wer sich die Barmherzigkeit und Vergebung Gottes wünscht, soll seinerseits barmherzig sein und Vergebung üben. Nikolaus von Kues veranlaßt die Stiftung des Hospitals also aus Sorge um seine Rechtfertigung vor Gott. So gesehen ist die Stiftung des Hospitals durch das Verständnis des Goldenen Regel motiviert. Weiter hat die Goldene Regel den Gedanken der Gleichheit zur Grundlage. In der Stiftung des Hospitals und den Bestimmungen zum dortigen Zusammenleben wird dem Gedanken der Gleichheit insoweit Rechnung getragen, als die Vereinigung der verschiedenen Stände der mittelalterlichen Gesellschaft in einer für die damalige Zeit höchst ungewöhnlichen Vorschrift angeordnet wird. Somit ist letztlich der Gedanke bzw. das cusanische Verständnis von der Gleichheit der maßgebliche inhaltliche Grund der Stiftung des St. Nikolaus-Hospitals.

Herrschaft und Freiheit

Soweit der Zusammenhang von Ethik und Politik bei Cusanus bisher in den Blick genommen wurde, ergibt er sich aufgrund des Themas der Gerechtigkeit: Diese gehört insoweit zum Aufgabenfeld der Ethik, als Gerechtigkeit zu den Tugenden zu zählen ist, ohne die menschliches Leben nicht gelingen kann. Im Besonderen bedarf es der Gerechtigkeit in Bezug auf das Zusammenleben mit anderen, und insoweit fällt die Behandlung der Gerechtigkeit in die Betrachtung der Politik.

Darüber hinaus stellt insbesondere die Begründung der Herrschaft ein zentrales Thema der Politik dar, die Frage also, mit welchem

Recht Menschen anderen Menschen vorschreiben können, etwas Bestimmtes zu tun und etwas anderes zu unterlassen. Grundlage der betreffenden Antwort des Kardinals (*De concordantia catholica*) ist zunächst die auf Aristoteles zurückgehende Auffassung, dass das Zusammenleben mit anderen notwendige äußere Bedingung menschlicher Existenz ist und Herrschaft die Organisation dieses Zusammenlebens zum Zwecke der Existenzsicherung der Mitglieder darstellt. Insoweit stimmt Cusanus mit der Tradition in der funktionalen Begründung von Herrschaft überein. Der Kardinal unterscheidet sich aber zugleich von der traditionellen Auffassung darin, dass er Herrschaft nicht mehr als Ausdruck eines natürlichen Dignitätsgefälles ansieht. Cusanus entwickelt seine darüber hinaus gehende Auffassung im Blick auf die Frage, aus welchem Grund der Unterlegene der Herrschaft eines Überlegenen zustimmen muss, wobei der Kardinal – am Beispiel Noahs – das im traditionellen Verständnis ganz von Willkür bestimmte Verhältnis des Vaters zum Sohn anspricht: Die traditionelle Auffassung verweist in der genannten Frage auf Natur. Im Unterschied dazu führt der Kardinal Unterlegenheit auf mangelnde Einsicht und Disziplin zurück. Insofern begründet sich Unterlegenheit nicht natural, sondern funktional, d. h. aufgrund von freier Einsicht in eine sachliche Notwendigkeit: „Die Törichten sind notwendigerweise zu Sklaven der Weisen geworden, da sie sich nicht selbst regieren konnten.“[1] Dass wiederum auf diese Weise das Ziel der Herrschaft nicht lediglich die Gewährleistung der Existenzsicherung, sondern die Freiheit selbst ist, zeigt folgende Feststellung: „Der Unterlegene ist wegen der Notwendigkeit unsicherer, des Willens wegen stärker, weil das

[1] Nikolaus von Kues (De concordantia catholica III, n. 273): „licet ex necessitate insipientes, quia se ipsos regere non poterant, servi sapientum effecti sunt“.

Gute schöner ist, was nicht aus Notwendigkeit geschieht, sondern kraft des Willens."[2]

Im Vergleich von Notwendigkeit und Freiheit, d.h. von äußerer und innerer Bedingtheit unseres Handelns, genießt die Freiheit den Vorrang. Gerade die Anerkennung und Übernahme der inneren Bedingtheit unseres Handelns ist wesentlicher Akt unserer Freiheit. Insofern ist Herrschaft zuletzt oder zuerst eine Frage des Wollens oder der Freiheit.

Für die Begründung von Herrschaft besagt dies: Diese beruht über ihre funktionale Notwendigkeit hinaus auf Einwilligung oder Freiheit. Herrschaft ist deswegen für Cusanus Dienstleistung unter aus Freiheit Gleichen.

Zur aktuellen Bedeutung der Auffassung des Nikolaus von Kues

In Bezug auf diesen Punkt sei daran angeknüpft, dass Cusanus mit seinem Verständnis der Goldenen Regel das menschliche Zusammenleben auf eine moralische Grundlage stellt, ohne über das Gute selbst zu urteilen: Insofern die Festlegung des Handelns nach Maßgabe der genannten Regel erfolgt, liegt dieser Festlegung eine moralische Entscheidung zugrunde. Weiter gewährleistet die Orientierung an der anthropologischen Hinsicht, dass zwischen dem unterschieden werden kann, was in einer bestimmten Situation wünschenswert oder schädlich ist, und dem, was im wohlverstandenen, nämlich allgemein menschlichen Interesse liegt bzw. nicht liegt. Auf diese Weise wird die moralische Entscheidung auf

[2] Ebd.: „Servitus est enim necessitatis infirmior, voluntatis fortior, quia pulchris est bonum, quod non ex necessitate fit, sed ex voluntate".

eine Grundlage von allgemeiner Relevanz gestellt, ohne dass deswegen der individuellen Hinsicht und damit der letztendlichen Festlegung des Guten jeglicher Spielraum genommen wird.

Ebenso vermag der Kardinal mit der Begründung von Herrschaft als Dienstleistung unter aus Freiheit Gleichen der Gemeinschaft im Ganzen eine moralische Legitimation zu geben, wiederum ohne über das Gute im Ganzen zu urteilen. Er gibt dem Leben in einer Gemeinschaft über den äußeren Zweck der Existenzsicherung hinaus einen inneren Sinn, ohne über die wahre Bestimmung des Menschen zu urteilen und damit dem Einzelnen einen definitiven Lebenssinn vorzugeben.

So verstanden stellt die Auffassung des Nikolaus ein Modell dar, das im Rahmen der gegenwärtigen Diskussion in Bezug auf die moralischen Grundlagen sowohl des individuellen Handelns als auch des menschlichen Zusammenlebens durchaus Orientierung zu geben vermag. Dies geschieht, indem er das menschliche Zusammenleben über seine anthropologisch-funktionale Ordnung hinaus in zweifacher Hinsicht moralisch qualifiziert: zum einen in Hinsicht auf das individuelle Handeln, insoweit dieses nach Maßgabe der Tugend der Gerechtigkeit und der Bedingung der Goldenen Regel gestaltbar erscheint. Und zum anderen in Hinsicht auf das Ziel des Zusammenlebens als solchem, insoweit dieses über den äußeren Zweck der Existenzsicherung hinaus den inneren Sinn der Realisierung menschlicher Freiheit und Gleichheit besitzt. Auf diese Weise führt Cusanus sowohl über die betreffende Diskussion seiner Zeit selbst hinaus, wie er zugleich Grundideen formuliert, die bis in die gegenwärtige Diskussion des Zusammenhangs von Ethik und Politik Anerkennung genießen.

Nikolaus von Kues

über

Ethik und Politik

a) Texte

Die Ursprünglichkeit und Eigenständigkeit der praktischen Vernunft (De mente l. IV, nn. 77–79)

Philosophus: Aiebat Aristoteles menti seu animae nostrae nullam notionem fore concreatam, quia eam tabulae rasae assimilavit. Plato vero aiebat notiones sibi concreatas, sed ob corporis molem animam oblitam. Quid tu in hoc verum censes?
Idiota: Indubie mens nostra in hoc corpus a deo posita est ad sui profectum. Oportet igitur ipsam a deo habere omne id, sine quo profectum acquirere nequit. Non est igitur credendum animae fuisse notiones concreatas, quas in corpore perdidit, sed quia opus habet corpore, ut vis concreata ad actum pergat. Sicuti vis visiva animae non potest in operationem suam, ut actu videat, nisi excitetur ab obiecto, et non potest excitari nisi per obstaculum specierum multiplicatarum per medium organi et sic opus habet oculo, sic vis mentis, quae est vis comprehensiva rerum et notionalis, non potest in suas operationes, nisi excitetur a sensibilibus, et non potest excitari nisi mediantibus phantasmatibus sensibilibus. Opus ergo habet corpore organico, tali scilicet, sine quo excitatio fieri non posset. In hoc igitur Aristoteles videtur bene opinari animae non esse notiones ab initio concreatas, quas incorporando perdiderit.
Verum quoniam non potest proficere, si omni caret iudicio, sicut surdus numquam proficeret, ut fieret citharoedus, postquam nul-

Der Laie über den Geist

Philosoph: Aristoteles sagte, unserem Geiste oder unserer Seele sei kein Begriff anerschaffen, weil er sie einer unbeschriebenen Tafel verglich. Plato dagegen sagte, die Begriffe seien ihr anerschaffen, aber die Seele habe sie infolge der Last des Leibes vergessen. Was hältst du hierin für wahr?

Laie: Zweifellos ist unser Geist zu seinem Besten von Gott in diesen Leib gesetzt worden. Er muss also von Gott alles das haben, ohne das er sein Bestes nicht erreichen kann. Man darf daher nicht glauben, der Seele seien Begriffe anerschaffen gewesen, die sie im Leib verloren hat, sondern dass sie des Leibes bedarf, damit die anerschaffene Kraft zur Verwirklichung gelangt. So wie die Sehkraft der Seele nicht fähig ist zu ihrer Tätigkeit, dass sie wirklich sieht, wenn sie nicht von einem Gegenstand angeregt wird, und nur angeregt werden kann durch das Entgegentreten der durch das Medium des Organs vervielfachten Abbilder, und so des Auges bedarf, so ist die Kraft des Geistes, die eine die Dinge erfassende und begriffliche Kraft ist, nicht fähig zu ihren Tätigkeiten, wenn sie nicht von Sinnenfälligem angeregt wird, und sie kann nur angeregt werden vermittels sinnlicher Vorstellungsbilder. Sie bedarf also eines mit Organen ausgestatteten Leibes, eines solchen nämlich, ohne den es keine Anregung geben könnte. Darin scheint also Aristoteles der richtigen Meinung zu sein, dass der Seele keine Begriffe von Anfang an anerschaffen sind, die sie beim Eintritt in den Leib verloren hätte.

Weil unser Geist indessen nicht vorankommen kann, wenn ihm jedes Urteil fehlt – so wie ein Tauber niemals Fortschritte machen lum de harmonia apud se iudicium haberet, per quod iudicare posset an profecerit, quare mens nostra habet sibi concreatum iudicium, sine quo proficere nequiret. Haec vis iudiciaria est menti naturaliter concreata, per quam iudicat per se de rationibus, an sint debiles, fortes aut concludentes. Quam vim si Plato notionem nominavit concreatam, non penitus erravit.

Philosophus: O quam clara est tua traditio, cui quisque audiens cogitur assentire! Indubie haec sunt diligenter attendenda. Nam clare experimur spiritum in mente nostra loquentem et iudicantem hoc bonum, hoc iustum, hoc verum, et nos reprehendentem, si declinamus a iusto. Quam loquelam et quod iudicium nequaquam didicit, sed sibi connatum est.

Idiota: Experimur ex hoc mentem esse vim illam, quae licet careat omni notionali forma, potest tamen excitata se ipsam omni formae assimilare et omnium rerum notiones facere, similis quodammodo sano visui in tenebris, qui numquam fuit in luce; hic caret omni notione actuali visibilium, sed dum in lucem venit et excitatur, se assimilat visibili, ut notionem faciat.

Orator: Aiebat Plato tunc ab intellectu iudicium requiri, quando sensus contraria simul ministrat.

Idiota: Subtiliter dixit. Nam cum tactus simul durum et molle seu grave et leve confuse offerat, contrarium in contrario, recurritur ad intellectum, ut de quiditate utriusque, si confuse sentitum plura discreta sint, iudicet. Sic cum visus magnum et parvum confuse würde, ein Zitherspieler zu werden, weil er bei sich kein Urteil über den Zusammenklang hätte, durch das er urteilen könnte, ob er Fortschritte macht –, deshalb hat unser Geist eine ihm anerschaffene Urteilsfähigkeit, ohne die er keine Fortschritte machen könnte. Diese Urteilskraft ist dem Geist von Natur aus anerschaffen. Durch sie urteilt er selbständig über Beweisgründe, ob sie schwach, stark oder schlüssig sind. Wenn Plato diese Kraft den anerschaffenen Begriff genannt hat, hat er nicht völlig geirrt.

Philosoph: O wie klar ist deine Lehre! Jeder, der sie hört, muss ihr beistimmen. Zweifellos muss man dies sorgsam beachten. Denn deutlich erfahren wir einen Geist, der in unserem Geist spricht und urteilt, dies sei gut, dies gerecht, dies wahr, und uns tadelt, wenn wir vom Rechten abweichen. Diese Rede und dieses Urteil hat er niemals erlernt, sondern es ist ihm angeboren.

Laie: Wir erfahren daraus, dass der Geist jene Kraft ist, die, obgleich ihr jede begriffliche Form fehlt, dennoch, einmal angeregt, sich selbst jeder Form angleichen und Begriffe von allen Dingen bilden kann, vergleichbar in gewisser Weise einem gesunden Sehvermögen im Finstern, das nie in der Helligkeit war; diesem fehlt jede wirkliche Kenntnis vom Sichtbaren, aber während es ins Licht kommt und angeregt wird, gleicht es sich dem Sichtbaren an, so dass es sich einen Begriff macht.

Redner: Plato sagte, von der Vernunft werde dann ein Urteil verlangt, wenn der Sinn Gegensätzliches gleichzeitig vorlegt.

Laie: Scharfsinnig hat er das gesagt. Denn da der Tastsinn zugleich Hartes und Weiches oder Schweres und Leichtes ungeordnet anbietet, Gegensätzliches im Gegensätzlichen, geht man auf die Vernunft zurück, damit sie über die Washeit beider, ob das ungeordnet Wahrgenomme mehrere verschiedene Dinge sind, urteile. Ebenso, wenn der Gesichtssinn Großes und Kleines ungeordnet zeigt, praesentat, nonne opus est iudicio discretivo intellectus, quid magnum quidve parvum? Ubi vero sensus per se sufficeret, ad iudicium intellectus minime recurreretur, ut in visione digiti contrarium non habentis, quod simul accedat.

Handlungsziel und (innere und äußere) Handlungsbedingung
(De coniecturis l. XVII, n. 183)

Ita etiam ex divini luminis participatione hoc iustum atque aequum esse conspicis, quod in se unitatem conexionemque continet. Dum lex ab unitate atque conexione recedit, iusta esse nequit. Haec lex „quod tibi vis fieri, alteri fac“ aequalitatem unitatis figurat. Si iustus esse velis, non aliud te agere necesse est quam quod ab ea aequalitate non recedas, in qua unitas est et conexio. Tunc quidem aequaliter in unitate amoreque feres adversa <et prospera>, paupertates et divitias, honores et vituperia, nec ad dextram aut sinistram evagabis, sed aequalitatis „medio tutissimus“ eris. Nihil tibi grave adversumve evenire poterit, si id omne, quod sensibus adversum videtur, intelligis atque ita amplexaris in aequalitate unitatis essendi atque amandi ferendum, cum hoc sit divinitatem nobiliter feliciterque participare. Vides autem in ea ipsa aequalitate iam dicta omnem moralem complicari virtutem nec virtutem esse posse, nisi in huius aequalitatis participatione exsistat.

braucht man dann nicht das unterscheidende Urteil der Vernunft, was groß oder was klein ist? Wo jedoch der Sinn für sich genügte, da würde man keineswegs auf das Urteil der Vernunft zurückgreifen, wie etwa beim Sehen eines Fingers, der ja kein Gegenteil hat, das gleichzeitig aufträte.

Mutmaßungen

So siehst du auch, dass durch die Teilhabe am göttlichen Licht das gerecht und billig ist, was in sich die Einheit und die Verknüpfung enthält. Sobald ein Gesetz von der Einheit und Verknüpfung abweicht, kann es nicht gerecht sein. Dieses Gesetz „was du willst, das man dir tu, das füge deinem Nächsten zu" stellt die Gleichheit der Einheit dar. Wenn du gerecht sein willst, brauchst du nichts anderes zu tun, als von dieser Gleichheit, in der Einheit und Verknüpfung sind, nicht abzuweichen. Dann freilich wirst du mit Gleichmut in Einheit und Liebe Unglück, Armut und Reichtum, Ehren und Tadel ertragen. Du wirst weder nach rechts noch nach links abschweifen, sondern in der Mitte der Gleichheit wirst du auf dem sichersten Weg sein. Es wird dir nichts Schweres und Widriges zustoßen können, wenn du all das, was den Sinnen als widrig erscheint, erkennst und es in der Gleichheit der Einheit des Seins und Liebens aufnimmst, um es zu ertragen; denn dies bedeutet, an der göttlichen Natur auf vornehme und glückliche Weise teilzuhaben. Du siehst aber, dass in dieser schon erwähnten Gleichheit alle sittliche Kraft eingefaltet ist und dass es keine Tugend geben kann als in der Teilhabe an dieser Gleichheit.

Die Verbindung von ethischer und politischer Betrachtung (De docta ignorantia l. III, c. VI, nn. 215–216)

Digressionem parvam ad expressionem intenti antemitti convenit, ut mysterium crucis clarius attingamus. Non dubium hominem ex sensu et intellectu atque ratione media, quae utrumque nectit, exsistere. Ordo autem submittit sensum rationi, rationem vero intellectui. Intellectus de tempore et mundo non est, sed absolutus ab his; sensus de mundo sub tempore motibus subiectus exsistit; ratio quasi in horizonte est quoad intellectum, sed in auge quoad sensum, ut in ipsa coincidant, quae sunt infra et supra tempus.

Sensus incapax est supertemporalium et spiritualium exsistens animalis. Animal igitur non percipit ea, quae dei sunt, cum deus spiritus et plus quam spiritus exsistat. Et propter hoc sensualis cognitio in tenebris est ignorantiae aeternorum et movetur secundum carnem ad carnalia desideria per concupiscibilem potentiam et ad repellendum impediens per irascibilem. Ratio vero supraeminens in sua natura ex participabilitate intellectualis naturae leges quasdam continet, per quas ut rectrix passionum desiderii ipsas moderetur et ad aequum reducat, ne homo in sensibilibus finem ponens desiderio spirituali intellectus privetur. Et est potissima legum, ne quis faciat alteri, quod sibi fieri nollet; et quod aeterna temporalibus praeponantur et munda atque sancta caducis et immundis. Et ad hoc

Die belehrte Unwissenheit

Zur Erläuterung des Vorhabens ist es angebracht, eine kleine Abschweifung vorauszuschicken, um das Geheimnis des Kreuzes deutlicher zu erfassen. Der Mensch besteht ohne Zweifel aus Sinnesvermögen, Vernunft und Verstand, der als das Mittlere beide verbindet. Die Ordnung unterstellt den Sinn dem Verstand, den Verstand aber der Vernunft. Die Vernunft entstammt nicht der Zeit und der Welt, sondern ist frei von ihnen; der Sinn ist weltzugehörig, der Zeit und zeitlichen Veränderungen unterworfen; verglichen mit der Vernunft steht der Verstand gewissermaßen im Horizont, im Scheitelpunkt aber im Vergleich zum Sinnesvermögen, so dass in ihm Zeitliches und Überzeitliches zusammenfallen.

Der Sinn ist in seiner Gebundenheit an ein Sinnenwesen nicht fähig, Überzeitliches und Geistiges zu erfassen. Darum erfasst das Sinnenwesen nicht, was göttlich ist, da Gott Geist und mehr als Geist ist. Deshalb befindet sich die Sinneserkenntnis im Dunkel der Unwissenheit um die ewigen Dinge und wendet sich dem Fleisch entsprechend infolge des Begehrungsvermögens fleischlichen Gelüsten zu und räumt durch das Strebevermögen beiseite, was dabei hinderlich ist. Der Verstand hingegen, der wegen seiner Fähigkeit zur Teilhabe an der Vernunftnatur seiner Natur nach überlegen ist, trägt gewisse Gesetze in sich, durch die er als Lenker der Leidenschaften des Begehrens diese zügelnd mäßigen und zum rechten Maß führen soll, damit der Mensch nicht sein Ziel in sinnliche Gegenstände setze und so des geistigen Sehnens der Vernunft verlustig gehe. Und das bedeutendste unter diesen Gesetzen ist, dass keiner dem anderen zufüge, was ihm selbst nach seinem Wunsche nicht widerfahren soll; ferner, dass das Ewige den Vorrang vor dem Zeitlichen habe und das Reine und Heilige vor dem Nichtigen und cooperantur leges ex ipsa ratione elicitae a sanctissimis legislatoribus, secundum diversitatem loci et temporis pro remediis in rationem peccantium promulgatae.

Gleichheit – Gerechtigkeit – Goldene Regel (De aequalitate, nn. 25–27)

Videmus enim primo necessarium esse, ut affirmemus primum perfectissimum principium ante alteritatem aeternum esse et ideo nequaquam carere scientia sui et suorum operum. Ob hoc necessario affirmamus ipsum unitrinum – licet omnem nostrum conceptum excedat – ante alteritatem et numerabilia principium unum esse trinum. Patet ex his aequalitatem omnia verbo seu ratione sua creare. Ideo omnia in tantum sunt, in quantum aequalitatis rationem participant. Quod autem nulla duo reperiantur omnino aequalia est, quia duo aequalitatem aequaliter participare nequeunt.

Nihil igitur est expers aequalitatis, cum ratio aequalitatis sit forma essendi, sine qua non potest quidquam subsistere. Quiditas igitur omnium quae sunt est aequalitas, per quam omne quod est nec est plus nec minus, sed id quod subsistit; quae est omnibus aequalis essendi ratio. Hinc quiditas non potest recipere magis nec minus quia aequalitas. Nihil igitur omnium quae sunt est multiplicabile, quia omnia in tantum sunt, in quantum rationem aequalitatis parti-

Unreinen. Dieses ist der Zweck, dem die von rechtschaffenden Gesetzgebern mittels dieses Verstandes gewonnenen Gesetze gemeinsam dienen, die entsprechend der Verschiedenheit von Ort und Zeit als Hilfsmittel für die wider den Verstand sich versündigenden Menschen verkündet wurden.

Über die Gleichheit

Wir sehen also zuerst: Es ist notwendig, zu bejahen, dass das erste vollkommenste Prinzip ohne jede Andersheit ist und daher ganz und gar nicht das Wissen von sich selbst und seiner Werke entbehrt. Deswegen bejahen wir notwendigerweise, dass die Dreieinigkeit selbst – auch wenn es unsere begrifflichen Möglichkeiten insgesamt übersteigt –, vor jeder Andersheit und jedem Zählbaren als Prinzip des Einen zugleich dreieinig ist. Es ist offensichtlich, dass die Gleichheit alles durch sein Wort oder sein Verstehen (er)schafft. Daher ist alles insoweit, inwieweit es am Sinngehalt der Gleichheit partizipiert. Dass aber keine zwei erfahren werden als überhaupt gleich, hat seinen Grund darin, weil zwei nicht imstande sind an der Gleichheit auf gleicher Weise zu partizipieren.

Daher ist nichts ohne Anteil an der Gleichheit, weil der Sinngehalt von Gleichheit Wesensform ist, ohne die etwas nicht für sich bestehen kann. Die Washeit also von allem, was existiert, ist jene Gleichheit, durch die ein jedes, das ist, weder mehr noch weniger ist, sondern das, als was es für sich besteht; die Gleichheit ist das, was für alle der Sinngehalt ihres Seins ist. Daher kann die Washeit nicht mehr und nicht weniger empfangen, weil sie Gleichheit ist. Daher ist nichts von allem, was existiert, vervielfältigbar, denn ein jedes ist nur in dem Maße, wie es am Sinngehalt der Gleichheit partizipiert, an der viele auf gleiche Weise partizipieren können. Die cipant, quam plura aequaliter participare nequeunt. Entitas igitur immultiplicabilis aequalitas est; ita substantia et animalitas et humanitas et omne genus et omnis species et omne individuum. Individualitas enim est immultiplicabilis aequalitas. Neque est quidquam verum, nisi in quantum participat aequalitatis unitatem seu rationem; sic nec iustum, nec virtuosum, nec bonum, nec perfectum.

Omnis scientia et ars in aequalitate fundantur. Regulae iuris aut grammaticales aut aliae quaecumque non sunt nisi participationes rationis aequalitatis. Reducere enim diversitatem motuum astrorum in aequalitatem est scientia astronomiae. Reducere diversitatem constructionum grammaticalium in regulam est scientia grammaticae. Ita de omnibus. Neque aliquod nomen habet quidquam veritatis in significatione nisi in aequalitate significantis et significati. Sic et ars quaecumque fundatur in aequalitate, ut pictoriae in aequalitate signi et signati, imaginis et exemplaris. Sic medicina ad aequalitatem complexionis respicit. Iustitia in regula aequalitatis „quod tibi vis fieri, alteri fac!" fundatur. Sublata aequalitate cessat prudentia, cessat temperantia et omnis virtus, quoniam in medio, quod est aequalitas, consistit. Sine aequalitate non intelligitur veritas, quae est adaequatio rei et intellectus, non est nec vita nec esse nec tempus nec motus nec continuum. Non enim est motus nisi quietis continuatio. Et quid quies nisi aequalitas? Sic de nunc, quoniam tempus non est nisi ipsius nunc continuatio.

nicht vervielfältigbare Seiendheit ist Gleichheit; so ist sie Substanz und Animalität und Menschsein und jedes Genus und jede Spezies und jedes Individuum. Individualität ist nämlich nicht vervielfältigbare Gleichheit. Und etwas ist nur wahr, insoweit es an dem Sinngehalt der Gleichheit partizipiert; und ebenso gerecht, tugendhaft, gut, perfekt.

Jede Wissenschaft und Kunst gründet in der Gleichheit. Die Regeln des Rechtes oder der Grammatik oder irgendwelcher anderer sind nur, insofern sie teilhaben am Sinngehalt der Gleichheit. Denn die Zurückführung der Verschiedenheit der Bewegung der Sterne auf die Gleichheit ist Sache der Wissenschaft der Astronomie. Die Zurückführung der Verschiedenheit der grammatischen Konstruktion auf Regeln ist Sache der Wissenschaft der Grammatik. So ist es bei allem. Und kein Name hat etwas an Wahrheit in der Bezeichnung, wenn nicht in der Gleichheit des Bezeichnenden und des Bezeichneten!

So gründet auch jede Kunst in der Gleichheit, wie die Malerei in der Gleichheit des Bildes und des Gemalten, des Abbildes und des Modells. So schaut die Medizin auf die Gleichheit der Beschaffenheit des Körpers. Die Gerechtigkeit gründet in der Regel der Gleichheit «„was Du willst, das man Dir tu, das tu auch dem anderen!“». Wenn die Gleichheit fehlt, weicht die Klugheit, weicht die Besonnenheit und jede Tugend, da sie sich in der Mitte versammelt, die Gleichheit ist. Ohne Gleichheit wird Wahrheit nicht erkannt, die die Übereinstimmung der Sache und des Intellektes ist, und sie ist weder Leben noch Sein noch Zeit noch Bewegung noch Kontinuum. Denn ist Bewegung nicht Fortführung der Ruhe? Und was (ist) Ruhe, wenn nicht Gleichheit?

So über das Jetzt, denn die Zeit ist nichts, außer der augenblicklichen Fortführung desselben!

Et quid nunc nisi aequalitas, quae nec potest esse maior nec minor? Sic linea non est nisi puncti evolutio. Quid punctus nisi aequalitas? Et ita vides penitus nihil posse subsistere nisi in aequalitate. In omnibus enim quae sunt, in quantum sunt, relucet aequalitatis ratio. Et non est illa ratio multiplicabilis aut alterabilis aut corruptibilis, cum sit omnium essendi ratio adaequata, quae non esset adaequata ratio, si non foret absolutae aequalitatis ratio.

Grund und Gestalt von Herrschaft (De concordantia catholica, l. III, prooem., nn. 268–275)

Si quis ab exordio fundamenta nostro proposito non tam utilia quam necessaria investigare curaret, essent petenda illa ipsa principia, in quibus vel Aristotelis, Platonis, Tullii ac aliorum omnium sapientum, dum de ordinatis politicis, oeconomicis aut monarchicis regiminibus scripsere, radices posuerunt. Naturalia quidem iura cunctas humanas considerationes et antecedunt et ad omnia illa principia sunt. Omni autem generi animantium primum a natura tribuitur, ut tueatur se, corpus vitamque, declinet nocitura, acquiratque necessaria, ut Tullius ex hac radice primo De officiis tertio capitulo intentum elicit. Primum quidem essentiae est ipsum esse. Quare ad hoc, ut quaelibet essentia sit, habet connata ad hoc principia, instinctum, appetitum aut rationem. Ex quo evenit secundum naturarum diversitatem varia esse media propter esse et conservari

Und was ist der Augenblick anderes als Gleichheit, die nicht mehr und nicht weniger sein kann. Und die Linie ist nichts anderes als die Evolution des Punktes. Was ist der Punkt nichts anderes als Gleichheit? Und so siehst Du innwendig, dass nichts für sich bestehen kann, wenn nicht in der Gleichheit. In allem nämlich, was ist, insoweit es ist, leuchtet der Sinngehalt der Gleichheit wieder. Und so ist jener Sinngehalt der Gleichheit nicht vervielfältigbar noch veränderbar noch zerstörbar, da er der adäquate Sinngehalt allen Seins ist, welcher nicht ein adäquater Sinngehalt wäre, wenn er nicht der Sinngehalt der absoluten Gleichheit wäre.

Concordantia Catholica

Falls irgendjemand sich bemüht, von Beginn an die Grundlagen zu untersuchen, die für unser Vorhaben nicht nur nützlich, sondern auch notwendig sind, wären jene Prinzipien als solche in Betracht zu ziehen, in denen Aristoteles, Platon, Tullius (*Cicero*) – ebenso wie alle anderen Weisen, die über die geordneten politischen, ökonomischen oder monarchischen Regentschaften geschrieben haben, – die Wurzeln gesehen haben. Gewisse natürliche Rechte liegen allen menschlichen Überlegungen zugrunde und sind zugleich jene Prinzipien für alles. Jeder Art von Lebewesen ist zuerst von Natur aus geschuldet, dass es sich in seiner physischen Existenz schützt, Schädliches meidet und Notwendiges erlangt, wie Tullius im 3. Kapitel des 1. Buches von *De officiis* im Sinne dieser grundlegenden Betrachtung zur Einsicht gebracht hat! Ein jedes Wesen ist zuerst dazu bestimmt, zu existieren. Damit jedes Wesen existiert, hat es dafür erforderliche Grundlagen, nämlich Instinkt, Bestreben und Vernunft. Daraus ergibt sich, dass es gemäß der Verschiedenheit der Naturen verschiedene Mittel und Wege gibt, die auf natürliche naturaliter instinctui indita. Hoc fundamento Aristoteles septimo Politicae finali capitulo conclusit omnem artem et disciplinam pro supplemento naturalium defectuum fore.

Homines vero ratione prae cunctis animalibus dotati a principio consodalitatem ac communionem suae conservationi ac etiam fini, propter quem quisque est, multum conferre, immo necessariam rationabili discursu intelligentes, naturali instinctu se univere ac sic cohabitantes villagia urbesque construxere. Et nisi homo pacis servandae ob corruptum multorum affectum regulas invenisset, parum unio saluti contulisset. Quare civitates, in quibus civium unitas ac leges conservandae unitatis et concordiae communi omnium assensu ac etiam earum omnium custodes potentes, quantum publicae conferebat utilitati, ex hoc consequenter ortum habuerunt.

Divina quidem superadmiranda ac omnibus gratiose collata lege apertum est, ut intelligerent homines maxime eorum utilitati consoliditates conferre et deinde ordine tali conservari, ut communi omnium ac saltem sapientum heroicorum consensu aliis ipsis faventibus leges statuerentur. Quoniam, ut praecedenti collectione praehabitum est, secundum sanctum Cyprianum ex Christi promissione maior pars sacerdotii a vera lege non deficiet, ita pariformiter,

Weise mitgegeben sind, um zu existieren und sich zu erhalten. Auf dieser Grundlage schließt Aristoteles im letzten Kapitel des 7. Buches der Politik, dass alle Künste und Wissenschaften zum Ausgleich natürlicher Mängel gereichen.

Die Menschen aber sind von Beginn vor allen anderen Lebewesen mit der Vernunft begabt. Durch Ausübung der Vernunft erkennen sie, dass die Zusammengehörigkeit und die Gemeinschaft zu ihrer Bewahrung und zur Bestimmung eines jeden in hohem Maße beitragen, ja sogar notwendig sind. Deswegen haben die Menschen, einem natürlichen Instinkt folgend und beieinander wohnend, Dörfer und Städte gebaut, um zusammen zu leben! Und wenn der Mensch wegen des zerstörerischen Affektes vieler nicht Regeln gefunden hätte, um den Frieden zu bewahren, hätte die Gemeinschaft wenig zum Wohlbefinden beigetragen. Folglich haben die staatlichen Gemeinschaften ihren Ursprung darin, dass ihre Mitglieder in ihnen sich vereinigt und unter Zustimmung aller Gesetze erlassen haben, um die Einheit und die gemeinschaftliche Eintracht zu bewahren, sowie darin, dass sie einige dazu bestimmt haben, darüber zu wachen.

Aufgrund des göttlichen, bewundernswürdigen und zum Wohlgefallen aller bestehenden Gesetzes haben die Menschen offensichtlich erkannt, dass Zusammengehörigkeit zu ihrem Nutzen beiträgt und daher durch eine entsprechende Ordnung bewahrt wird, so dass sie Gesetze erlassen haben mit der Zustimmung aller oder wenigstens der außergewöhnlich Weisen, die ihrerseits Anerkennung genießen. Denn, wie in dem vorangehenden Buch hervorgehoben worden ist, wird der größere Teil der Priesterschaft gemäß dem Versprechen Christi – laut dem hl. Cyprian – nicht vom wahren Gesetz abweichen. Dementsprechend wird gleichermaßen der größere Teil des Volkes, der Bürger und der außergewöhnlichen dum communi consensu res pro conservatione rei publicae tractantur, maior pars populi, civium aut heroicorum a recta via ac pro tempore utili non deficiet. Alioquin contingeret naturalem appetitum frustrari, ut in pluribus, quod pro inconvenientissimo apud philosophantes habetur. Videmus enim hominem animal esse politicum et civile et naturaliter ad civilitatem inclinari. Hinc oportet valentiorem partem pro remanentia politiae esse, ut Aristoteles primo Politicae primo capitulo concludit.

Sed cunctipotens deus stultis et fatuis quandam naturalem servitutem adiunxit, per quam facile credant sapientibus, ut sic ipsorum adiutorio gubernentur et consequantur sui conservationem, ut post Calanum Alexandro scribentem in epistula, quae octava in ordine inter Ambrosianas inseritur, legitur quod scilicet „tamquam agricultura homo imprudens et tamquam vinea homo egens sensu". „Recisa autem vinea fructum affert, semiputata frondescit, neglecta luxuriat".

Quam materiam elegantissime Ambrosius in immediate praecedenti septima tangens epistula dicit: „A philosophis magno disputationis molimine iactata et fluctuata est quaestio dicentibus, quia omnis sapiens liber, omnis autem insipiens serviat. Sed multo hoc prius David dixit qui ait: Stultus sicut luna mutatur. Sapiens enim non metu frangitur, non potestate mutatur, non attollitur prosperis,

Mitmenschen nicht vom rechten Weg zur angemessenen Zeit abweichen, nämlich dann, wenn nach Maßgabe eines allgemeinen Konsenses die für die Erhaltung des öffentlichen Wohls erforderlichen Dinge behandelt werden. Andernfalls wäre das natürliche Bestreben, wie es in aller Regel besteht, vergeblich, was bei den Philosophen als in höchstem Maße unangemessen gilt. Wir sehen nämlich, dass der Mensch ein politisches Wesen ist und dass er auf Gemeinschaft bezogen ist und zwar von Natur aus. Daher soll der gewichtigere Teil für den Rest des Gemeinwesens Verantwortung tragen, wie Aristoteles im ersten Kapitel, erstes Buch der Politik folgert.

Aber der allmächtige Gott hat den Einfältigen und Törichten ein gewisses natürliches Ungeordnetsein beigegeben, durch welches sie den Weisen leicht glauben sollen, so dass sie durch deren Hilfe gelenkt werden und ihre Erhaltung ermöglicht wird. In diesem Sinne wird durch Alexander nach dem Brief des Calanus, der als der achte Brief des Ambrosius gezählt wird, gelesen, dass nämlich „der unbegabte Mensch wie ein zu bestellendes Gut und der unerfahrene Mensch wie ein nicht ausgereifter Wein ist." „Der beschnittene Wein bringt Frucht hervor, der unbeschnittene Wein schlägt aus, der vernachlässigte Wein artet aus."

Dieselbe Materie spricht Ambrosius im unmittelbar vorausgehenden siebten Brief auf sehr gewandte Weise an, indem er feststellt: „In einer ausführlichen Diskussion ist von den Philosophen die Frage sehr gründlich aufgeworfen und hin und her gewendet worden, dass nämlich jeder Weise frei, jeder Törichte untergeordnet ist. Aber dies hat bereits David viel früher festgestellt, indem er sagt: ‚Der Törichte verändert sich wie der Mond. Der Weise wird nicht durch Angst gebrochen, nicht durch Macht verändert, nicht durch Wohlstand verführt, nicht durch Schicksalsschläge ins Verderben non tristibus mergitur. Ubi enim sapientia, ibi virtus animi, ibi constantia et fortitudo. Sapiens enim idem est animo, non minuitur, non augetur rerum mutatione, nec ut parvus fluctuat, ut circumferatur omni vento doctrinae". Et infra: „Noe cum audisset, quia insipienter filius suus Cham riserat nudatum patrem, maledixit ei dicens: Maledictus Cham, servus domesticus erit fratribus suis. Et praeposuit ei fratres eius dominos, qui sapienter patris senectutem honorandam putarunt. Nonne fons ille disciplinarum omnium Iacob ubertatem disputationis huius omnium pectoribus infudit, qui sapientiae merito praelatus est fratri seniori. Denique pater pius, qui cum inter duos filios affectu certaret paterno, sed increparet iudicio – affectus enim necessitudine fertur, meritis autem iudicia formantur – cum divideret alteri gratiam, alteri misericordiam, sapienti gratiam, insipienti misericordiam, quia ad virtutem se propriis viribus erigere non poterat nec spontaneum gressum attollere, benedixit eum, ut serviret fratri suo et esset ipsius servus, ostendens ita deteriorem esse servitute insipientiam, ut remedio eius servitus sit, quia stultus regere se non potest et, nisi moderatorem habeat, praecipitatur propriis voluntatibus. Diligens ergo pater et consulens servum eum fratris sui fecit, ut eius regeretur consilio. Ideo inconsultis populis sapientes quique adhibentur rectores, qui plebeiam insipientiam vigore proprio regant, ut potentiae specie gestürzt. Wo nämlich Weisheit, dort ist Tugend der Seele, dort ist Beständigkeit und Tapferkeit. Der Weise ist nämlich immer derselbe durch die Seele, er wird nicht weniger, er wird nicht mehr durch die Veränderung der Dinge, und er verändert sich nicht wie ein Kind. So dass er umhertriebe im Fluß der Lehrmeinungen.' Und weiter unten: ‚Als Noah gehört hatte, dass sein törichter Sohn Cham den entblößten Vater auslachte, fluchte er, indem er sagte: Verfluchter Cham, er wird ein Haussklave für die Geschwister sein. Und er setzte ihm die Geschwister als seine Herren vor, die weise das Alter des Vaters als zu ehren ansahen.' Wurde Jakob, der dem älteren Bruder aufgrund seiner Weisheit vorgezogen wurde, nicht zum Ursprung aller Disziplinen, indem er die Fruchtbarkeit dieser Erörterung den Herzen aller einpflanzte?! Daher hat der fromme Vater ihn gesegnet. Zwischen seinen Söhnen in väterlicher Zuneigung im Streit liegend, hat er geurteilt! Urteile kommen mit Verdienst zustande, während Zuneigung mit Notwendigkeit geschieht. Dabei hat er dem einen Gnade, dem anderen Ungnade, dem Weisen Gnade, dem Törichten Ungnade zukommen lassen, da dieser nicht in der Lage war, sich aufgrund eigener Kräfte zur Tugend fortzuentwicklen, noch sich in einem spontanen Schritt hervorzutun. Er segnete ihn, damit dieser seinem Bruder und ihm selbst Diener sei. Auf diese Weise zeigte der Vater, dass die Torheit schlechter ist als die Unterlegenheit, so dass jener Sklave war, gleichsam als Hilfsmittel. Denn da der Törichte sich nicht selbst regieren kann, erhält er Vorschriften für seine eigenen Wünsche, es sei den, er hat jemanden, der ihn lenkt. Der liebende und wohlmeinende Vater hat ihn also zum Diener seines Bruders gemacht, damit er durch dessen Wohlmeinen gelenkt wird. Daher zeigen sich die Weisen als die Lenker für die unkundige Bevölkerung. Sie regieren das unwissende Volk durch eine ihnen eigentümliche Kraft und domninentur, quo vel invitos auctoritate potestatis subiciant ad oboedientiam prudentioribus et obsequendis legibus. Imposuit ergo insipienti velut indomito iugum, et cui in gladio suo vivendum dixerat, libertatem negavit, ne temeritate laberetur. Praefecit ei fratrem, cuius auctoritate et moderatione subiectus proficeret ad conversionem. Et quia servitus habet discretionem – est enim necessitatis infirmior, voluntatis fortior, quia pulchrius est bonum, quod non ex necessitate fit, sed ex voluntate – ideo primo ei iugum imposuit necessitatis, postea benedictionem et voluntariae subiectionis impertivit. Non ergo natura servum facit, sed insipientia, nec manumissio liberum, sed disciplina. Denique Esau liber natus est et servus factus, Ioseph venditus in servitutem est et electus ad potestatem, ut suis emptoribus imperaret".

Et postquam eleganter libertatem sapientis Ambrosius ibidem declarat, quomodo stulto tantum lex posita est ac quomodo ob peccatum sub poenis legibus redigitur, subiungit: „Servit ergo peccator formidini, servit cupiditati, servit avaritiae, servit libidini, servit malitiae, servit iracundiae et videtur huiusmodi sibi liber, sed magis servit quasi sub tyrannis positus. Illi autem liberi sunt, qui legibus vivunt. Lex autem vera sermo rectus. Lex vera non insculpta tabulis nec aere incisa, sed inscripta mentibus atque infixa sensibus.

herrschen durch ein besonderes Können, wodurch sie die Unwilligen kraft der Autorität ihrer Macht dazu bringen, den Einsichtigeren zu gehorschen und den Gesetzen zu folgen! Der Vater auferlegte dem Törichten das Joch wie einem Ungebändigten und wie jemanden, dem gesagt worden war, mit dem Schwert zu leben; er negierte die Freiheit, damit er nicht aufgrund von Unbesonnenheit Schaden nehme. Er stellte diesem den Bruder voran, durch dessen Autorität und bezähmende Wirkung der Unterlegene zu Umkehr gelangt. Und weil der Unterlegene unterscheiden kann – er ist nämlich der Notwendigkeit wegen unsicherer, des Willens wegens stärker, weil das Gute schöner ist, was nicht aus Notwendigkeit geschieht, sondern aus Willen –, auferlegte er ihm daher zuerst der Notwendigkeit wegen das Joch, später aber teilte er ihm den Segen der freiwilligen Unterwerfung mit. Daher macht nicht Natur den Unterlegenen, sondern der Mangel an Einsichtigkeit. Ebenso wird man auch nicht durch Entlassung frei, sondern durch Disziplin. Daher ist Esau frei geboren und zum Sklaven gemacht worden, Joseph wurde in die Sklaverei verkauft und zur Herrschaft auserwählt, damit er über seine Käufer herrschen möge!"

Und nachdem Ambrosius auf elegante Art und Weise dort die Freiheit des Weisen ins rechte Licht gesetzt hat, demgemäß allein dem Einfältigen das Gesetz aufgebürdet wird und demzufolge dieser wegen der Sünde aus Furcht den Gesetzen wieder unterstellt wird, fügt er hinzu: „Es gehorcht der Sünder der Furcht, er gehorcht der Leidenschaft, dem Neid, dem Trieb, der Bosheit, dem Zorn und hält sich selbst auf diese Art für frei, aber gehorcht mehr als jemand, der einer Tyrannei unterstellt ist. Jene aber sind frei, die durch die Gesetze leben. Das wahre Gesetz aber bringt das Richtige zur Erscheinung. Das wahre Gesetz ist nicht in Tafeln eingeritzt und auch nicht noch in Bronze gefaßt, sondern es ist dem Geiste einge-

Quando sapiens non sub lege, sed ipse sibi lex est opus legis in corde suo continens, naturali stilo sibi et quadam inscriptione formatum". Haec ille.

Graves has sententias cum aliis notandis valde ille praeclarissimus doctor Ambrosius in eadem et sequenti epistula ponit. Ex quibus hoc unum menti tenendum, quod, licet ex necessitate insipientes, quia se ipsos regere non poterant, servi sapientum effecti sunt, tamen alligabatur illi necessitati voluntaria subiectio propter ipsam necessitatem.

Et sic naturali quodam instinctu praesidentia sapientum et subiectio insipientum redacta ad concordiam exsistit per communes leges, quarum ipsi sapientes maxime auctores, conservatores et executores exsistunt, aliorum omnium ad hoc per voluntariam subiectionem concurrente assensu. Et regimen dum ita disponitur, tunc „impossibile est civitatem aristocratizantem, id est secundum virtutem" per sapientiores aliorum consensu ad communem utilitatem „gubernatam, non bene disponi", ut Aristoteli placet quarto Politicae capitulo septimo.

Natürliches Gesetz und praktische Vernunft (Sermo CCLXXII [Predigt 272, n. 22])

Adhuc quaereret aliquis: Nonne Adam positus fuit in via verae iustitiae? Dico quod sic. Nam eo ipso, quod creatus fuit et adeptus rationalem spiritum, in ipso spiritu naturalem legem scilicet viam iustitiae repperit, quae lex est, ut Deus agnitus veneraretur. Ostendit etiam lex illa mores bonos differre a malis et bonos eligendos, scilischrieben und den Sinnen eingepflanzt. Insofern der Weise nicht dem Gesetz unterstellt ist, sondern sich selbst Gesetz ist, ist das Werk des Gesetzes in seinem Herzen enthalten, und wie mit einem natürlichen Stift als Inschrift eingelassen.“ So Ambrosius!

Der äußerst exzellente Gelehrte Ambrosius führt diese bedeutenden Aussagen mit anderen Bemerkungen in diesem und dem folgenden Brief an. Aus alledem ist das eine im Geiste festzuhalten: Auf der einen Seite sind zwar die Törichten notwendigerweise zu Sklaven der Weisen geworden, da sie sich selber nicht regieren konnten. Dennoch erfolgte auf der anderen Seite diese Unterwerfung auf freiwillige Art und Weise, um dieser Notwenigkeit selbst willen.

Und so besteht durch einen bestimmten natürlichen Instinkt die Vorherrschaft der Weisen und die Unterwerfung der Törichten durch allgemeine Gesetze, als deren Urheber, Bewahrer und Ausführende die Weisen selbst im besonderen Maße existieren, darüber hinaus besteht die Vorherrschaft durch eine freiwillige Unterwerfung in der Weise der Zustimmung. Und wenn eine Herrschaft so disponiert ist, dann ist es unmöglich, „dass eine aristokratische Gesellschaft, d. h. eine Gesellschaft, die tugendgemäß“ von den Weiseren aller anderen zum gemeinsamen Nutzen „regiert wird, nicht gut ist,“ wie Aristoteles im 7. Kapitel, 4. Buch der Politik.

Predigt 272

Außerdem könnte irgendjemand fragen: Wurde Adam etwa nicht auf den Weg der Gerechtigkeit gestellt? Ich sage: Es ist so! Denn durch sich selbst, weil er geschaffen wurde und einen vernünftigen Geist erlangt hatte, entdeckte er in diesem Geist selbst das natürliche Gesetz, das heißt den Weg der Gerechtigkeit; dieses Gesetz bedeutet, dass der erkannte Gott verehrt werde. Jenes Gesetz zeigt cet alteri non facere, quod ipse non vult pati, et est docilis, eo quod intellecta familiaribus suis scit esse revelanda. Et haec lex naturae rationalis est via iustitiae et ita verbum Dei seu Christus qui ait se esse viam; ipse enim est via pacis et iustitiae. Unde in rationali spiritu haec lex scripta est et est imago verbi Dei, sicut lex scripta in tabula imitatur conceptum seu verbum legislatoris.

Menschliches Handeln und christliche Erfüllung (Sermo XXIV [Predigt 24, nn. 39–40])

Sicut nos facimus debitoribus nostris

In hoc sancto ‚Pater noster', in quo omne, quod nobis necessarium est, una doctrina comprehensum est, nihil aliud invenimus, quod facere debeamus, quam in hoc articulo, ubi ponitur „sicut nos facimus debitoribus nostris". Ideo hic omnes leges Christi, quas exsequi debemus, complicantur, hoc est: ‚dimittere'. Christus docet nos, Deum nobis non aliter dimittere nisi ‚nos dimittimus'. Ibi nota legem Christi esse, ut „aliis facias, sicut tibi fieri vis". Hoc indicant verba: ‚Dimitte nobis debita nostra, sicut et nos dimittimus debitoribus nostris'. Si autem Deum rogas, ut tibi dimittat, sed tu non dimittis, tibi ipsi <remissionem> negas. ‚Debitor' tuus est creatura Dei, sicut tu es, et Deus eum vult a te liberatum esse <a debito>, sicut et tibi videtur bonum tibi esse Deum tale tibi facere, quod non vis facere debitori tuo. Quo modo tunc dignus es, qui bonum sogar auf, dass moralisch Gutes von moralisch Schlechtem zu unterscheiden ist und Gutes zu wählen ist. Das heißt, dem anderen nicht zu tun, was man selbst nicht erleiden will. Es gehört zu diesem Wissen (in Bezug auf das Naturgesetz), dieses denen, mit denen man zusammenlebt, einsichtig und wirksam zu machen. Und dieses natürliche Vernunft-Gesetz ist der Weg der Gerechtigkeit und damit das Wort Gottes bzw. Christus, der sagte, er sei der Weg. Er selbst ist nämlich der Weg des Friedens und der Gerechtigkeit. Daher ist dieses Gesetz einem vernünftigen Geist eingeschrieben und ein Ebenbild des Wortes Gottes, gleichsam wie das auf Tafeln geschriebene Gesetz der Bedeutung oder dem Wort des Gesetzgebers gleichkommt.

Predigt 24

Wie wir vergeben unsern Schuldigern

In diesem heiligen Vaterunser, in dem alles, was uns nötig ist, zu einer Lehre zusammengefaßt ist, finden wir das, was wir tun sollen, nur in diesem Satz. Da steht *Wie wir vergeben unsern Schuldigern*. Darum sind hier alle Gebote Christi, die wir erfüllen sollen, [in eins] zusammengefaßt: das ist ‚vergeben'! Christus lehrt uns, dass uns Gott nicht anders vergibt, als wie *wir vergeben*. Daraus erkenne, dass es Gesetz Christi ist, dass ‚du tust anderen, wie du willst, dass sie dir tun' (vgl. Mt 7,12). Das zeigen die Worte *Vergib uns unsere Schuld, wie wir vergeben unseren Schuldigern*. Bittest du aber Gott, dass Er dir vergebe, und vergibst du nicht, dann versagst du dir selber, [dass dir vergeben wird]. Dein ‚Schuldiger' ist ebenso Gottes Geschöpf, wie du es bist. Und Gott will den von dir [seiner Schuld] entledigt haben ebenso wohl, wie [es] dich dünkt, für dich sei es gut, dass Gott an dir solches tue, das du deinem Schuldiger nicht tun willst. Wie bist du remissionis a Deo recipias, cum tu non ad eam faciendam sis bonus?

Nota, quam rationabilis et clara haec lex sit, quam quilibet debet probare et intellegit. Quicumque Deum rogat, ut sibi dimittat et ipse non dimittit et credit orationem suam exaudiri, ille credit Deum non esse Deum et iniuriam esse ius et malum bonum. Quicumque autem credit, sicut Christus suos docet, Deum dimittere, sicut nos dimittimus, ille habet rectam fidem in Deum, quod ipse sit iustus optimus Deus; et homo ex suis remissionis operibus spem suam sibi a Deo dimissum iri mensurare et in caritate id orare potest. Ex quo nota, homo, tibi hic unicam viam aperiri, qua scire possis, an a Deo exaudiaris et filius Dei sis. Haec est, ut ex tuis operibus videas et notes, an aliis facias, sicut tibi fieri vis, id est: an tuis debitoribus sincere dimittas et nihil nisi caritatem eis praestes; tunc sine dubio est, ut omnem fiduciam habere possis te a Deo remissionem omnium peccatorum tuorum impetrasse et filium aeternae vitae esse. Tunc enim nulla lex tibi restat implenda, quia in caritate proximi tui, quae in remissione culpae operibus ostenditur, est omnium legum plenitudo.

dann würdig, von Gott das Gut der Vergebung zu empfangen, wenn du [selbst] nicht [so] gut bist, Vergebung zu gewähren?
Erkenne, was für ein vernünftiges und klares Gesetz das ist, das jedermann gutheißen muss und versteht! Wer Gott bittet, dass Er ihm vergebe, und [er] vergibt nicht und glaubt, dass sein Gebet erhört werde, der glaubt, dass Gott nicht Gott sei, und Unrecht Recht und Böses gut sei. Wer aber glaubt, wie Christus uns lehrt, dass Gott insofern vergibt, *wie wir vergeben*, der hat den rechten Glauben an Gott, daß er der gerechte, beste Gott sei. Und der Mensch kann aus seinen Werken der Vergebung sein Hoffen, dass ihm von Gott vergeben werde, ermessen und mit Liebe darum bitten. Daraus ersieh, Mensch, dass dir hier der einzige Weg aufgetan wird, wodurch du wissen kannst, ob du von Gott erhört werdest und Gottes Kind seist. Der [Weg] ist, dass du an deinem Werk erkennst und merkst, ob du anderen so tust, wie du dir getan haben wolltest, nämlich, ob du deinem Schuldigern aufrichtig vergibst und nichts anderes als Liebe zu ihnen hast. Dann ist es ohne Zweifel, dass du volles Vertrauen haben darfst, dass du von Gott Verzeihung aller deiner Sünden erlangt hast und ein Kind des ewigen Lebens bist. Denn dann fehlt dir nicht die Erfüllung eines Gesetzes, weil in der Liebe zu deinem Nächsten, die in der Vergebung der Schuld durch Werke bewiesen wird, die vollkommene Erfüllung aller Gesetze liegt.

Moselfränkisch

Als wir doen vunfern fchuldigern

In dijfem heiligen ‚Pater Nofter', da ynne alles, das vns noit is, zu einer lere begriffen is, finden wir nit anders, das wir doen fullen, dan in dijfem artikel. Da fteit „Als wir doen vnfern fchuligern". Dar vmb fo fynt hij alle gefetz Crifti, die wir doen fullen, begriffen: das is ‚vergeben'. Criftus leret vns, das Got vns nicht vergifft anderes, dan wie ‚wir vergeben'. Da merck, das Crifti gefetz is, das „du dues andern, als su willes dir gedaen haben". Das wifent die wort „Vergiff vns vnfer fcholt, als wir vergeben unfern fchuldigern". Bittes du aber Got, das er dijr vergebe, vnd vergibs du nijt, du verfags dir felber. Dyn ‚fchuldiger' is Gotes creature, als du bis. Vnd Got will den von dir geledicht haben, als wol als dich dunckt, dichs gut fyn, das Got an dir due folchs, das du nit wilt dun an dyme fchuldiger. Wie bis du dan wirdich, von Gode das guet der vergebung zu entphahen, bis du nit guet die zu doen?

Merck, was vernunftiges vnd clares gefetz das is, das ydeman billigen muss vnd verfteet! Wer Got biddet, das er yme vergebe, vnd vergifft nicht vnd glaubt, das fyn gebet erhort werde, der glaubt, das Got nijt Got fij, vnd vnrecht recht vnf boefe gut sij. Wer aber glaubt, als Criftus vns leret, das Got vergebe, als wir vergeben, der hat eynen rechten glauben zu Gode, das er der gerechte, beste Got sij. Vnd mach der menfch vß finem wercken der vergebung fyn hoffen, das yme von Goede vergeben werde, meffen vnd mit liebde dar vmb bitten. Da vß merck, menfch, das dir hie eyn einiger wech wirt off gedaen, dar durch du wiffen machs, abe du von Gode erhort werdes vnd Gottes kint fies. Der is, das du an dym werck gefies vnd mercks, abe du dues andern, als du wuldes dir gedaen haben, das is, abe du vergebes dynen fchuldigern clerlich vnd nit drages zu yne anders dan liebde. So ist aen zwiuel, das du eynen gantzen getruwen machs haben, das du von Gode verzichnis aller diner funden erworben habes vnd eyn kint des ewigen lebens fies. Want dir gebrift, keyn gefetz zu erfullen, want in der liebden dyns neeften, die in der vergebung der fchulde in den wercken bewijft wirt, is die volkomenheit aller gesetz.

b) Erläuterungen

De mente

Bei der Schrift *Idiota de mente* handelt es sich um einen Dialog, der von Cusanus am 23. August 1450 in Val di Castro bei Fabriano vollendet wurde. Thema ist die Erkenntnislehre. Gesprächspartner sind vor allem ein Philosoph (*philosophus*) und ein Laie (*idiota*). An manchen Stellen tritt noch ein Redner (*orator*) hinzu. Der Philosoph verkörpert in diesem Gespräch das Schulwissen. Der „Laie" begegnet dem Schulwissen mit Fragen und Hinweisen, die den Horizont des Schulwissens erweitern.

In unserem Abschnitt geht es Cusanus um eine grundsätzliche Erläuterung der Bedingungen menschlichen Wissens:

Im Anschluß an Aristoteles und in Unterschied zu Platon gehen Laie und Philosoph davon aus, dass der menschliche Geist einer „unbeschriebenen Tafel" (*tabula rasa*) gleicht, weil ihm „kein Begriff anerschaffen" (*nullam notionem fore concreatam*) ist. Das heißt, dass der Mensch bzw. sein Geist die Erkenntisse nicht schon vor aller Existenz (*a priori*) in sich getragen hat, sondern sich die Inhalte erst aufgrund von Erfahrung aneignet. Diese Erfahrungen werden durch Begegnung mit der sinnlich-erfahrbaren Welt gemacht. Allerdings können diese gemachten Erfahrungen nicht gewinnbringend verarbeitet werden, wenn der Verstand sie nicht richtig verarbeiten bzw. beurteilen oder einordnen kann. Zu diesem Zweck besitzt der Geist „von Natur aus" (*naturaliter*) „eine ihm anerschaffende Urteilsfähigkeit" (*sibi concreatum iudicium*). Erst dadurch ist es dem Geist möglich, neu gewonnene Erfahrungen zu bewerten bzw. auf ihren Wahrheitsgehalt hin zu beurteilen.

Diese Urteilsfähigkeit ist eine dem Geist (*mens*) ureigene Fähigkeit. Urteilen heißt, neue Erfahrungen in Beziehung zu bereits vorhandenen Erfahrungen zu setzen. Die *mens* hat aber am Beginn ihrer Existenz keine inhaltlichen Gesichtspunkte, an denen sie sich in ihren Urteilen orientieren könnte. Anhand welcher Gesichtspunkte kann die *mens* überhaupt neue Erfahrungen beurteilen?

Cusanus antwortet darauf im Sinne der Tradition. Erster Beurteilungsgesichtspunkt der Vernunft überhaupt ist die Widerspruchsfreiheit von Urteilen. Bei allen Urteilen, die von der Vernunft in richtiger Weise getätigt werden, genügt sie dem Prinzip der Widerspruchsfreiheit. Cusanus charakterisiert die Vernunft demnach als spontane Kraft. Sie wird aus sich heraus tätig, ist ursprünglich. Weiterhin ist sie unabhängig. Sie urteilt vorbehaltlos, da sie inhaltlich nicht durch bestimmte immanente Gesichtspunkte festgelegt ist. Stattdessen urteilt die Vernunft nach rein formalen Hinsichten wie dem prinzipiellen Ausschluß von Widersprüchen. In diesem Sinne zeigt sich, dass Cusanus in seinem Verständnis der Vernunft der Tradition folgt. Denn er versteht die Vernunft in zweierlei Hinsichten: als theoretische Vernunft, die nach den Gesichtspunkten von wahr oder falsch urteilt, und als praktische Vernunft, die hinsichtlich gut oder böse urteilt. Beide Hinsichten kommen der Vernunft ursprünglich zu.

De coniecturis

Nikolaus von Kues arbeitete vier Jahre (1440–1444) an *De coniecturis*. Thematisch widmet sich diese Schrift der Möglichkeit von Wahrheitserkenntnis. Ausgangspunkt der cusanischen Erörterung ist zu diesem Zweck die Reflexion der Vernunftnatur (= *mens*) über sich selbst. Dies geschieht in Form von Mutmaßungen. Mutmaßungen sind der Weg, auf dem die Wahrheit erkannt werden kann. Dabei versteht Cusanus Mutmaßung als eine „bejahende Feststellung“

(*assertio positiva*). Die Mutmaßungen eines jeden Menschen unterscheiden sich von denen eines anderen Menschen. Somit ist eine Mutmaßung eine Form von Erkenntnis, die die Möglichkeit unterschiedlicher Erkenntnis offen läßt. Ein innerer Zusammenhang mit dem Gedanken der „belehrten Unwissenheit“ (*docta ignorantia*) läßt sich hier erkennen, insofern Einsicht in die Begrenztheit eigener Erkenntnisfähigkeit gefordert wird.

Die Schrift *De coniecturis* gliedert sich in zwei Hauptteile. Der erste Teil dient der Erörterung der Grundlagen der „*ars coniecturis*“ (Kunst des Mutmaßens). Im zweiten Teil werden konkrete Beispiele für die Art der mutmaßenden Erkenntnis dargestellt.

Unser Textabschnitt gehört zu einem Kapitel, in dem es um Mutmaßungen über die Erkenntnis des Sinns menschlichen Daseins geht. Insofern nimmt Cusanus das menschliche Handeln näher in den Blick. Der Mensch ist aufgrund seiner Vernunft in der Lage, aus sich selbst heraus entsprechend seinem Ziel, d. h. dem Guten zu handeln. Das Ziel bzw. die Sinnrichtung des menschlichen Handelns bestimmt Cusanus hier konkret als „Einheit und Liebe“ (*in unitate amoreque*). Was ist unter dieser Zielbestimmung zu verstehen? Im Sinne der Tradition versteht Cusanus unter „Einheit“, dass der Mensch den Sinn seines Lebens nur im Zusammenleben mit anderen Menschen finden kann. Menschliches Leben ist auf Gemeinschaft hin angelegt. Nur dort kann der Mensch seine Sinnerfüllung finden. „Liebe“ bedeutet in diesem Zusammenhang die bedingungslose Anerkennung des anderen in seiner konkreten Andersheit, d. h. in seiner Individualität. Realisieren kann der Mensch das Ziel von „Einheit und Liebe“, indem er die Goldene Regel befolgt. Die Goldene Regel wird auf diese Weise zu einer Bedingung des menschlichen Handelns in Bezug auf den Sinn bzw. das Ziel des Handelns. Indem man die Goldene Regel im Handeln beachtet, wird erstens „gerecht und billig“ (*iustus atque aequus*) gehandelt und zweitens der „sicherste Weg“ (*medio tutissimus*) beschritten.

Der Text bietet uns die Möglichkeit, die Bedeutung der Goldenen Regel als Bedingung des Handelns vor Augen zu führen. Dies ist deshalb möglich, weil das cusanische Verständnis hier eine Unterscheidung zwischen innerer und äußerer Bedingung nahelegt.

Cusanus selbst gibt uns in diesem Text weitere Bedingungen des Praktischen an, die als ‚äußere‘ Bedingungen zu verstehen sind. Die Realisierung eines Ziels bzw. das Handeln des Menschen auf sein Ziel hin hängt aber oftmals von äußeren Bedingungen ab, auf die der Handelnde selbst nur bedingt Einfluß hat. Als solche – auf das Handeln einwirkende – äußere Bedingungen benennt Cusanus Reichtum und Armut, Glück und Unglück sowie Ehre und Tadel. Alle diese Faktoren können sich wesentlich auf unser Handeln auswirken. So kann das Handeln bei vorhandenem Reichtum sich sehr von dem Handeln bei vorhandener Armut unterscheiden. Reichtum ermöglicht es dem Handelnden, seinen Weg zum Ziel mit geringerer Mühe, mit geringerem Aufwand zu beschreiten, d.h. Reichtum verschafft ihm mehr Handlungsmöglichkeiten. Derjenige, der in Armut lebt, muss viel größere Anstrengungen unternehmen, um an sein Ziel zu gelangen. Armut und Reichtum sind konstante äußere Bedingungen, die sich unter normalen Umständen nicht ändern und auf die der Mensch keinen oder nur sehr bedingt Einfluß hat. Denn entweder wird er in Reichtum oder aber in Armut hineingeboren. Veränderbar sind diese Gegebenheiten eigentlich nur durch glückliche oder unglückliche Umstände. Man kann durch Glück zu Reichtum kommen oder umgekehrt durch Unglück in die Armut hineingeraten. Man hat auf seinem Lebensweg an manchen Stellen bzw. in mancher Situation einfach Glück, indem das Leben erleichtert (z. B. Schicksalsfügungen, privates oder berufliches Glück usw.) und man näher an sein Lebensziel geführt wird. Oder man erfährt in seinem Leben Unglück (Schicksalsschläge, Krankheiten, privates oder berufliches Unglück usw.), wodurch man sich von seinem (Lebens-) Ziel entfernt. Glück und Unglück sind somit äußere Bedingungen, die sich dem Menschen gegenüber „einfach ereignen". Der Mensch kann sich zu ihnen aber in dem Sinne verhalten, als dass er sich auf diese eventuellen Möglichkeiten vorbereiten kann. So kann er z. B. gegen Krankheiten vorbeugend oder therapierend Medizin nehmen. So ist er nicht gänzlich dem Zufall von Glück oder Unglück ausgesetzt.

Glück erscheint somit als eine inkonstante (man kann Glück und im nächsten Moment Unglück erfahren) und unvorhergesehene Bedingung unseres Handelns. Demgegenüber sind Reichtum oder Armut von größerer Konstanz.

Ob man sich Ehre oder Tadel verdient, hängt dagegen schon bis zu einem gewissen Maße vom Tun des Menschen ab. Durch gutes ehrenvolles Verhalten kann der Mensch alles Nötige tun, das in seiner Macht steht, um sich Ehre zu verdienen. Ebenso kann er sich durch schlechtes Verhalten Tadel einfangen. Allerdings werden ihm Tadel oder Ehre von anderen, d. h. von der Gemeinschaft zugesprochen. Somit wäre möglich, dass er trotz bestem Tun getadelt wird, denn sein Handeln wird von anderen bewertet.

Allen diesen Bedingungen ist gemeinsam, dass der Handelnde mehr oder weniger Einfluß auf sie nehmen kann. Sie stellen Bedingungen im praktischen Sinn dar, da sie sich auf das Handeln im konkreten Sinn beziehen. Der handelnde Mensch unterliegt diesen Bedingungen insoweit, als dass diese sein Handeln bestimmen, aber zum Teil unterliegen sie auch dem Handeln des Menschen, indem er sie verändern kann.

Dennoch: Die äußeren Bedingungen sind zu unsicher. Sie können den Menschen bei der Realisation seines Zieles zwar einerseits helfen, aber im ungünstigen Fall auch behindern, da sie nicht gänzlich vom Handeln des Menschen abhängig sind.

Demgegenüber kann die Goldene Regel nur durch den Handelnden zur Anwendung gebracht werden. Insofern läßt sich die Goldene Regel als eine ‚innere' Bedingung des Handelns verstehen. Sie bezieht sich direkt auf das Handeln selbst. Ihre Beachtung hängt allein vom Handelnden ab, insoweit er ganz allein über sein Handeln bestimmt. Sie wird erst durch den Menschen zu einer inneren Bedingung des Handelns, nämlich wenn er sie dazu macht. Insofern ist der Mensch der Ursprung der Goldenen Regel. Sie entspringt der praktischen Vernunft des Menschen. Gerade deswegen – weil sie dem Handelnden selbst unterliegt bzw. von ihm sich selbst gegeben ist – ist sie der „sicherste Weg" (*medio tutissimus*), das Handeln auf das Ziel hin zu lenken. Für Cusanus ist sie somit die innere Bedingung zu „Einheit und Liebe". Die Goldene Regel ist so verstanden Ausdruck der menschlichen Freiheit, da sie der praktischen Vernunft des Menschen entspringt. Diese Freiheit bezieht sich dementsprechend auch auf die Anwendung der Goldenen Regel. Der Mensch kann frei handeln – auch was das Befolgen der Goldenen Regel betrifft. Er hat die Fähigkeit, sich zu seinem Ziel frei zu verhalten. So könnte er sich gegen sein Ziel – das Cusanus als Leben in Einheit und Liebe bestimmt hat – entscheiden.

Das cusanische Verständnis bzgl. der Goldenen Regel betont also die Handlungsfreiheit des Menschen. Der Mensch ist frei in Bezug auf sein Ziel und die Mittel zum Ziel. Wenn er die Goldene Regel (hier als Mittel zum Ziel von „Einheit und Liebe" verstanden) nicht zur Anwendung bringt, sieht er ein anders Ziel als „Einheit und Liebe" als sein Ziel an.

De docta ignorantia

De docta ignorantia ist das (zeitlich gesehen) erste Werk aus der Reihe der (spekulativen) theoretischen Schriften des Nikolaus von Kues. Es stammt aus dem Jahre 1440 und wurde vom Kardinal am 12.2. des Jahres in Kues beendet.

Die Schrift gliedert sich in drei Bücher, von denen das erste Gott, das zweite die Welt und das dritte die Christologie zum Thema hat. Genauer geht es Cusanus im ersten Buch darum, darzulegen, wie für Menschen die absolute Wahrheit, die Gott bzw. bei Gott ist, erreichbar ist. Die menschliche Erkenntnis dieser Wahrheit nennt Cusanus die „belehrte Unwissenheit". Und zwar erschließt sich dem Menschen die absolute Wahrheit in dem Maße, wie der Mensch zur Einsicht in die Begrenztheit seiner eigenen Erkenntnismöglichkeit gelangt. Unter der „belehrten Unwissenheit" kann man somit eine Selbstbelehrung über die eigenen Wissensmöglichkeiten bzw. eine Selbstbegrenzung bzgl. des eigenen, menschlichen Wissens verstehen. Das zweite Buch von *De docta ignorantia* behandelt das Thema Welt. Die Welt bzw. das Universum versteht Cusanus dabei als erste Ausfaltung (*prima explicatio*) der Unendlichkeit bzw. Vollkommenheit Gottes. Die absolute Vollkommenheit gibt es nur bei Gott. Die Welt im umfassenden Sinn ist nicht vollkommen, denn ansonsten wäre sie Gott.

Das dritte Buch, das sich der Auslegung des Apostolischen Glaubensbekenntnisses widmet, zielt in seiner Anlage auf Jesus Christus. In ihm, dem Gottmenschen, fällt die im zweiten Buch beschriebene Eingeschränktheit der Welt mit der im ersten Buch beschriebenen Vollkommenheit Gottes zusammen.

Unser Textabschnitt stammt aus diesem dritten Buch von *De docta ignorantia*. In diesem Kapitel möchte Cusanus das Geheimnis des Todes Jesu Christi erläutern. Wie er selbst zu Beginn sagt, ist zum besseren Verständnis dessen eine „kleine Abschweifung“ (*digressio parva*) vonnöten. Diese „Abschweifung“ – unser Textabschnitt – ist eine Reflexion des Cusanus über die Verfaßtheit des Menschen hinsichtlich seines Verstandes, seiner Vernunft und seiner Sinne und bietet uns einen interessanten Einblick in das anthropologische Verständnis des Cusanus.

Dem Menschen kommt von Natur aus das „Sinnesvermögen“ (*sensus*), die „Vernunft“ (*intellectus*) und der „Verstand“ (*ratio*) zu. Sinnesvermögen meint, dass der Mensch mit Hilfe seiner Sinne (Sehen, Hören, etc.) in der Lage ist, Eindrücke von außen aufzunehmen. Der Verstand bildet zusammen mit der Vernunft das geistige Vermögen. Dabei kommt für Cusanus dem Verstand als „das Mittlere“ (*ratione media*) eine Vermittlungsfunktion zwischen Sinnesvermögen (sinnliche Welt) und Vernunft (geistige Welt) zu. Diese Vermittlungsfunktion besteht darin, dass der Verstand eine Verbindung zwischen dem Singulären (d. h. der sinnlich-erfahrbaren, individuellen Welt) und dem Allgemeinen (Gegenstand bzw. Inhalt des Geistes) herstellt. In dieser Vermittlung kommt dem Verstand eine regulierende bzw. ordnende Funktion zu. In praktischer Hinsicht zeigt sich diese ordnende Tätigkeit des Verstandes beispielsweise im Erfassen von Gesetzen.

In dieser praktischen Hinsicht knüpft Cusanus – in Übereinstimmung mit der auf Aristoteles zurückgehenden ethischen Tradition – daran an, dass menschliches Tätigsein insgesamt zielgerichtet ist. Insofern ist menschliche Aktivität zugleich auf das Gute ausgerichtet. Im Blick auf das Ziel und das Gute kommt dem Verstand die Aufgabe zu, die jeweilige Aktivität in Richtung des Ziels zu „regeln“. Diese Orientierung leistet der Verstand, indem er gewisse Regeln bzw. Gesetze erfasst, nach denen im Einzelnen im Blick auf das Ziel und das Gute zu handeln ist.

Im vorliegenden Zusammenhang spricht Cusanus die Goldene Regel als ein solches handlungleitendes Gesetz an. Ihrem Gehalt nach besagt die Goldene Regel, dass „keiner dem anderen zufügen soll, was ihm selbst nach seinem Wunsche nicht widerfahren soll" (*ne quis faciat alteri, quod sibi fieri nollet*). Auf diese Weise kennzeichnet Cusanus die Goldene Regel zum einen als eine negative Vorschrift: Menschliches Handeln darf nicht zum Schaden anderer führen. Zum zweiten benennt Cusanus mit der Goldenen Regel eine Handlungsbedingung im Unterschied zum Ziel und Guten als dem Sinngehalt des menschlichen Tätigseins: Der Sinn der Hilfeleistung gegenüber dem in Not geratenen Mitmenschen ist die Hilfeleistung als eine gute Tat. Dabei den Mitgliedern der eigenen Familie nicht zu schaden, kann eine Bedingung darstellen, die der Hilfeleistung möglicherweise Grenzen setzt. Insofern ist das Gute in diesem Falle zwar nicht ohne die Beachtung der Goldenen Regel zu erbringen, aber die Erfüllung dieser Bedingung macht selbst nicht das Gute aus. Denn es ist durchaus möglich, dass eine Hilfeleistung erfolgen kann, ohne dass andere zu Schaden kommen könnten.

Dass Cusanus die Goldene Regel als „das bedeutendste unter allen Gesetzen" (*potissima legum*) bezeichnet, versteht sich schließlich folgendermaßen: Über die Goldene Regel hinaus betont der Kardinal, dass „das Ewige den Vorrang vor dem Zeitlichen hat und das Reine und Heilige vor dem Nichtigen und Unreinen" (*aeterna temporalibus praeponantur et munda atque sancta caducis et immundis*). Auf diese Weise bezieht Cusanus den Aspekt der über die diesseitige Welt hinausgehenden, auf das Jenseits gerichteten und in diesem Sinne religiösen Orientierung in die Betrachtung ein. Insofern stellt sich die Frage des Verhältnisses von profaner und religiöser Handlungs- und Sinnorientierung. Indem Cusanus die Goldene Regel als die bedeutendste Handlungsvorschrift anspricht, folgt er der ethischen Tradition darin, die Frage der Handlungsbestimmung als ein der menschlichen Vernunft für sich aufgegebenes und insofern von religiösen Voraussetzungen unabhängiges Problem zu behandeln. Wenn Cusanus zugleich die Vorrangigkeit des Ewigen vor dem Zeitlichen und des Heiligen vor dem Profanen betont, macht er darüber hinaus geltend, dass menschliche Handlungs- und Sinnorientierung über die der Vernunft für sich offen stehenden Bestimmungen hinausreicht bzw. hinausreichen kann. In praktischer Hinsicht bedeutet dies, dass die auf das menschliche Zusammenleben abzielenden Handlungsbestimmungen, wie sie im Besonderen in der Goldenen Regel zum Ausdruck gelangen, die auf die Transzendenz ausgerichtete, religiöse Sinnorientierung nicht ausschließen dürfen. Insoweit betrachtet Cusanus es als Aufgabe der Gesetzgebung, sicherzustellen, dass der Mensch in religiöser Orientierung zu leben vermag.

Im Ergebnis lässt der vorliegende Text damit die Verbindung von ethischem und politischem Denken bei Cusanus erkennen: Cusanus setzt mit der ethischen Tradition an der Teleologie menschlicher Aktivität an: Das Gute liegt im Ziel menschlichen Handelns. Insofern liegt der Sinn des Praktischen und der ethischen Betrachtung gleichermaßen darin, das Gute zu tun (und das Böse zu unterlassen), d. h. im Handeln selbst. Diese Realisierung des Guten steht freilich unter Bedingungen. Cusanus sieht die Goldene Regel als die maßgebliche Bedingung des Guten an. Insofern er damit die Beziehung des Handelns zum menschlichen Zusammenleben in den Mittelpunkt der ethischen Reflexion rückt, bringt er die ethische Betrachtung mit der politischen Perspektive in Zusammenhang. In Bezug darauf betrachtet Cusanus die Gewährleistung religiöser Sinnorientierung als maßgebliche Aufgabe der Gesetzgebung.

De aequalitate

Die Schrift *De aequaliate* gehört zu den späten Schriften des Nikolaus von Kues. Sie wird in das Jahr 1459 datiert und wurde vermutlich von ihm in Rom verfasst. Im Jahr 1459 befand sich Cusanus einerseits noch in Auseinandersetzung um sein Bistum Brixen, andererseits war er Anfang des Jahres durch den Papst zum Generalvikar bestellt und hatte so die Kirche in Abwesenheit des Papstes zu leiten.

Im uns hier vorliegenden Textabschnitt stellt Cusanus Gleichheit als „erstes Prinzip" (*primum principium*) dar.

Was ist darunter zu verstehen? Was ist überhaupt unter dem Begriff ‚Prinzip' zu verstehen? Der zugrunde liegende lateinischen Ausdruck „*principium*" bedeutet „Ursprung", „Anfang" und „Grund", im allgemeinen Sprachgebrauch wird der Ausdruck ‚Prinzip' als „Grundsatz" oder „allgemeine Regel" verwendet. Wenn Cusanus von der Gleichheit als „erstem vollkommenem Prinzip" (*primum perfectissimum principium*) spricht, denkt er dabei konkret an Gott. Indem er diesen mit Hilfe des genannten Ausdrucks bezeichnet, sucht er Gott auf eine Weise zu kennzeichnen, die auch unabhängig von der Voraussetzung des christlichen Glaubens verständlich sein will. Gemäß dem genannten Verständnis wird von Gott mit Hilfe des Ausdrucks ‚Prinzip' ausgesagt, dass er Ursprung, Anfang und Grund ist. Was besagt es nun, dass Gott als Ursprung und Grund Gleichheit ist? Cusanus setzt bei diesem Gedanken an der Erfahrung der Verschiedenheit der Dinge an, mit denen wir alltäglich konfrontiert sind. Insofern geht er davon aus, dass z.B. Bäume keine Tiere sind, diese wiederum verschieden sind von Flüssen oder Bergen, und diese sich ebenso von Häusern, Straßen und Brücken wie von konkreten Menschen unterscheiden. Diese Erfahrung der Verschiedenheit schließt aber zugleich die Erfahrung von Gleichheit ein, nämlich eben die der Verschiedenheit: Wenn uns all die genannten Dinge konkret als etwas je Verschiedenes begegnen, dann verbindet sich mit diesen vielfältigen Erfahrungen zugleich die Erfahrung von Gleichheit. Diese Erfahrung von Gleichheit sucht Cusanus weiter in Verbindung mit dem zu bringen, was er die „Washeit" (*quidditas*) oder die „Wesensform" (*forma essendi*) der Einzeldinge nennt. Darunter ist zunächst das zu verstehen, was etwa die Besonderheit der Menschen im Unterschied zu Tieren, Bäumen oder anderen zur Natur gehörenden Dingen ausmacht. Die jeweilige Wesensform begründet somit zunächst die zuvor angesprochene Verschiedenheit der Dinge. Wenn aber die Einzeldinge sich gerade darin gleichen, dass sie verschieden sind, stellt diese Gleichheit im Verhältnis der Dinge untereinander zugleich das dar, „durch das ein jedes Ding für sich besteht" (*est aequalitas, per quam omne quod est [...] id quod subsistit*). Insofern ist die Wesensform der Dinge, die diese auf der einen Seite besonders und verschieden sein lässt, auf der anderen Seite zugleich das, worin die Einzeldinge sich gleich sind. Wenn schließlich angenommen wird, dass die Dinge insgesamt ihren letzten Ursprung und Grund bei Gott finden, „ist (d. h. existiert) alles insoweit, inwieweit es am Gehalt der Gleichheit partizipiert" (*ideo omnia in tantum sunt, in quantum aequalitatis rationem participant*).

Die vorangegangenen Überlegungen betrafen den Gedanken der Gleichheit im Sinne des ersten Prinzips alldessen, was es gibt bzw. gegeben hat und geben wird. Auf diese Weise hatten diese Überlegungen die Gleichheit als Prinzip im theoretischen Sinne im Blick. Darüber hinaus spricht Cusanus im vorliegenden Text die Gleichheit im Sinne eines praktischen Prinzips an, d.h. im Sinne eines Prinzips, das als Grundsatz oder allgemeine Regel menschlichen Tätigseins und Handelns zu betrachten ist.

Cusanus knüpft dabei am Gesichtspunkt der Gerechtigkeit an. Dieser Gesichtspunkt erlaubt insoweit eine Verbindung zum Gedanken der Gleichheit, als Gerechtigkeit nach der auf Aristoteles zurückgehenden Auffassung die Gestaltung des menschlichen Zusammenlebens unter eben dem Gesichtspunkt der Gleichheit aller betrifft. Das Leben in der Gemeinschaft ist in dem Maße gerecht, in dem die zu dieser Gemeinschaft zählenden Mitglieder in gleicher oder vergleichbarer Weise behandelt werden. („*Hieraus erhellt denn auch, dass gerecht der sein wird, wer die Gesetze beobachtet und Freund der Gleichheit ist!*" Nikomachische Ethik l. V, c. 2)

Das Prinzip, mit Hilfe dessen Cusanus die Gleichheit als einen allgemeinen Grundsatz menschlichen Tätigseins formuliert, stellt wiederum die Goldene Regel dar. Im vorliegenden Zusammenhang besagt die betreffende Feststellung des Cusanus, dass „die Gerechtigkeit in der Regel der Gleichheit ‚was Du willst, das man Dir tut, das tu auch dem anderen' gründet" (*Iustitia in regula aequalitatis ‚quod tibi vis fieri, alteri fac' fundatur*). In derselben Weise bringt Cusanus die Goldene Regel auch in seiner Schrift *Compendium* (c. 10, n. 34) zum Ausdruck. Dabei steht diese Feststellung thematisch im Zusammenhang einer Erläuterung, in der der Kardinal ebenfalls auf das Prinzip der Gleichheit zu sprechen kommt.

Im Unterschied zur Formulierung im Zusammenhang von *De docta ignorantia* bringt der Kardinal die Goldene Regel im vorliegenden Textabschnitt (ebenso wie im *Compendium*) also in positiver Weise zum Ausdruck. Wenn dort gefordert wird, anderen nicht zu schaden, gilt jetzt, den bzw. die anderen so zu behandeln, wie man selbst behandelt werden möchte. Wenn man so handelt, handelt man zugleich im Sinne der Gleichheit, d. h. man behandelt alle gleich oder in vergleichbarer Weise. Mit der (positiven Formulierung der) Goldenen Regel beantwortet Cusanus also die Frage, wie

man zu handeln hat, wenn man gerecht im Sinne der Gleichheit handeln will.
Trotz des Unterschiedes zwischen der negativen und der positiven Formulierung der Goldenen Regel bleibt sich Cusanus in deren Verständnis durchaus treu. In gewisser Weise führt der Kardinal die Verbindung von ethischer und politischer Perspektive, wie er sie in *De docta ignorantia* herstellt, im Zusammenhang des hier zur Debatte stehenden Textes sogar noch weiter aus. Indem er nämlich die Goldene Regel in ihrer grundlegenden Bedeutung für die Gerechtigkeit herausstellt, bringt er sie als ethischen bzw. praktischen Grundsatz in Hinsicht auf das menschliche Zusammenleben zur Geltung. Cusanus entwickelt also in ethischer Absicht eine grundlegende Idee zur Gestaltung menschlicher Gemeinschaft. Dabei folgt er zugleich seinem Verständnis dieser Regel als einer Bedingung des Handelns, insofern er Gerechtigkeit als Ziel des Handelns gemäß der Goldenen Regel versteht: Wenn man fragt, warum nach Maßgabe der Goldenen Regel zu handeln ist, besagt die Antwort, um gerecht zu sein. Im Unterschied zur Hilfeleistung, die gegebenenfalls realisiert werden kann, ohne damit Gefahr zu laufen, anderen zu schaden, so dass die Goldene Regel unbeachtet bleiben kann, vermag freilich gerecht nur gehandelt zu werden, indem andere gleich oder vergleichbar behandelt werden. So verstanden stellt die Goldene Regel in ihrer Bedeutung als Bedingung zugleich die Grundlage von Gerechtigkeit und Gleichheit dar.
Cusanus weitet seine Überlegungen zur praktischen Bedeutung der Gleichheit und damit zur Goldenen Regel als deren in dieser praktischen Hinsicht maßgeblichen Grundsatz aus, indem er die Gleichheit mit der Mitte jeglicher (ethischen) Tugend identifiziert. In historischer Hinsicht knüpft er damit an die wiederum auf Aristoteles zurückreichende Auffassung an, nach der die *„die Tugend*

nach der Mitte zielt" (Nikomachische Ethik l. IV, c. 5), die Mitte also das Maß jeglicher ethischen Tugend darstellt. Dabei meint dieses Maß nicht die Mitte im quantitativen Sinne, sondern dasjenige Tun, das sich jeweils weder als zu viel noch als zu wenig erweist. In diesem Sinne kann etwa ein Maß an Beharrlichkeit im Verfolgen eines Zieles erforderlich sein, das auf der einen Seite davor bewahrt, bereits bei geringstem Widerstand aufzugeben, das auf der anderen Seite aber ebenso wenig an einem Ziel festhalten lässt, wenn es sich nicht mehr als sinnvoll erweist. Oder die Mitte heißt in Bezug auf die Ernährung nicht, der Menge nach einen Durchschnittswert als Maßstab zugrunde zu legen. Vielmehr erlaubt sie, genau die Nahrungsmenge zu sich zu nehmen, die den tatsächlichen Gegebenheiten angemessen ist und die deswegen durchaus unterschiedlich ausfallen kann.

Wenn Cusanus die Mitte jeglicher Tugend mit der Gleichheit und der Goldenen Regel identifiziert, versteht sich dies im Sinne der Bedeutung dieser Regel als zentraler Handlungsbedingung überhaupt: Tugendhaftes Handeln liegt dann vor, wenn man sich darum bemüht, den anderen gleich oder in vergleichbarer Weise zu behandeln. In Bezug auf die Gerechtigkeit heißt dies, die Goldene Regel zur Grundlage des gerechten Handelns zu machen. Im Falle der Tugend der Hilfsbereitschaft heißt dies, anderen nicht zu schaden, wenn die Hilfeleistung nicht ohne die Beanspruchung anderer zu realisieren ist. Im Falle der Ehrlichkeit heißt dies, von anderen das Maß an Offenheit und Aufrichtigkeit zu erwarten, das man sich selbst zutraut und zumutet.

Vor dem Hintergrund der im Blick auf die Überlegungen des Kardinals in *De mente* herausgestellten Ursprünglichkeit und Eigenständigkeit der praktischen Vernunft und ihrer Beurteilung lassen sich die Ausführungen des vorliegenden Textes schließlich so verstehen: Indem Cusanus hier an die traditionelle Tugendlehre anknüpft, entspricht dies jener Übereinstimmung mit der ethischen Tradition im Ausgang von der Teleologie menschlicher Aktivität, wie sie sich in *De docta ignorantia* gezeigt hat: Das Gute liegt im Ziel menschlichen Handelns. Insofern gelangt die praktische Vernunft in ihrer Beurteilung des Guten zu dessen inhaltlicher Erkenntnis, indem sie etwas als Ziel und Gutes erfasst. In diesem Sinne repräsentieren Tugenden Ziele: Hilfeleistung ist gut und deswegen zu tun. Ebenso ist Gerechtigkeit gut und damit ein Ziel. Indem Cusanus in der Goldenen Regel die zentrale Bedingung tugendhaften Handelns insgesamt erblickt, gibt er weiter einen Grundsatz an, der im praktischen Sinne eine Einheit tugendhaften Handelns gewährleistet, ohne die Vielfalt und Verschiedenheit der Tugenden und damit der Ziele menschlichen Handelns infrage zu stellen. Der Gesichtspunkt der Gleichheit und entsprechend die Goldene Regel besitzen für Cusanus in der Kennzeichnung tugendhaften und in diesem Sinne ethischen Handelns somit eine vorrangige Stellung. Weiter stellt Cusanus auf der Grundlage von Gleichheit und Goldener Regel die Verbindung von ethischer und politischer Betrachtung her. Vor diesem Hintergrund drängt sich die Folgerung auf, das besondere Anliegen des ethischen Denkens des Kardinals in eben dieser Verbindung von Ethik und Politik zu sehen. Wie im Blick auf *De concordantia catholica* deutlich werden wird, gelangt Cusanus denn auch in der Frage der Begründung von Herrschaft zu einer Antwort, die über die Tradition hinaus ethisches und politisches Denken verknüpft.

De concordantia catholica

In den bisherigen Texten war von der Goldenen Regel als Handlungsbedingung die Rede. Dabei hat sich auch gezeigt, dass Cusanus eine Verbindung zwischen dem Feld der Ethik und dem der Politik geschaffen hat. Im hier vorliegenden Proömium des dritten Buches der *concordantia catholica* geht es nun um eine zentrale Frage politischer Theorie im engeren Sinne, nämlich um die Frage nach Begründung von Herrschaft. Insofern Cusanus dabei über das Wesen einer guten Herrschaft reflektiert, macht er die Verbindung von Ethik und Politik ebenfalls im Rahmen einer politischen Theorie im engeren Sinne fruchtbar.

Die Frage nach Begründung von Herrschaft kann zunächst im Sinn der (Frage nach) Legitimität verstanden werden. Insofern lautet die Frage: Was macht Herrschaft zu einer moralisch guten Herrschaft?

An die Tradition anknüpfend, stellt Cusanus zu Beginn seiner Argumentation fest, dass der Mensch ein Vernunftwesen ist, das infolge seiner Vernunft erkennt, dass die Sozialität zur Existenzerhaltung notwendig ist. Dementsprechend leben die Menschen natürlicherweise in Dörfern und Städten zusammen. Dieses Zusammenleben stellt noch keine *civitas* dar. *Civitas* wird dabei als ein Ort verstanden, an dem der Mensch ein gutes gelingendes Leben führen kann. Dies geschieht dadurch, dass das Zusammenleben in der *civitas* durch Gesetze geregelt wird. Denn: Für ein gelingendes Miteinander sind Regeln notwendig, um den Frieden untereinander zu bewahren und nicht in der Selbstzerstörung der Menschen zu enden. Die Gesetze dienen somit der Friedens- und Existenzerhaltung. Der Grund für die Gesetze liegt im Wollen der Menschen, denn die Regeln werden durch die „Zustimmung aller" (*omnium assensu*) aufgestellt. Herrschaft hat daher die Aufgabe, für die Einhaltung dieser – von allen gewollten – Gesetze zu sorgen.

So gesehen ist die Zustimmung aller zur Herrschaft gefordert. Herrschaft ist durch die Zustimmung aller gewollt bzw. legitimiert. Herrschaft ist Ausdruck der menschlichen Willensfreiheit. Bedingung einer guten Herrschaft ist die Existenzerhaltung. Moralischer Grund von Herrschaft ist die Vernunft und Freiheit der Menschen, insofern sie Herrschaft wollen. Herrschaft ist also zuerst durch einen voluntativen Aspekt bestimmt. Die civitas ermöglicht es daher dem Menschen, ein gutes, der Freiheit entsprechendes Leben zu führen. Herrschaft in ihr erscheint als Ausdruck von Freiheit.

Wenn nach dem Wesen von Herrschaft gefragt ist, muss ebenso der funktionale Aspekt von Herrschaft geklärt werden. Wie soll Herrschaft organisiert werden?

Hier kommt der Gesichtspunkt der Kompetenz ins Spiel. Herrschaft ist eine Frage der Kompetenz, d. h. Herrschaft soll an Kompetenz gekoppelt sein. Ebenso soll Herrschaft an Einsichtsfähigkeit gekoppelt sein. Die Menschen mit weniger Kompetenz bzw. die weniger weisen Menschen, sollen einsehen, dass die kompetenteren bzw. weisen Menschen die Herrschaft zum Wohle aller ausüben. Innerhalb der *civitas* werden manche zu Beschützern der aufgestellten Gesetze bestimmt. Da es schwer ist, die Zustimmung aller zu einem Gesetz zu erhalten, schränkt Cusanus ein, dass die Regeln bzw. Gesetze wenigstens mit Zustimmung der außergewöhnlich Weisen zustande kommen sollen. Diese Weisen wiederum sollten die Anerkennung möglichst aller genießen. Indem die Weisen von der Gesamtheit dazu bestimmt werden, die Gesetze zu machen, ist die Zustimmung des größten Teils des Volkes zu den Gesetzen gegeben. Diejenigen, die die Gesetze erlassen, üben die Herrschaft aus. Hier tut sich eine Parallele zu Aristoteles auf (*Politik I, 1*), denn dort heißt es, dass „der gewichtigere Teil für den Rest des Gemeinwesens

Verantwortung tragen soll". Cusanus geht aber über die aristotelische bzw. traditionelle Auffassung hinaus, denn er sieht Herrschaft nicht mehr als Ausdruck eines natürlichen Dignitätsgefälles an. Cusanus entwickelt seine Auffassung im Blick auf die Frage, aus welchem Grund der Unterlegene der Herrschaft eines Überlegenen zustimmen muss, wobei Nikolaus – am Beispiel Noahs – das im traditionellen Verständnis ganz von Willkür bestimmte Verhältnis des Vaters zum Sohn anspricht: Die traditionelle Auffassung verweist in der genannten Frage auf die Natur. Im Unterschied dazu führt der Kardinal Unterlegenheit auf mangelnde Einsicht und Disziplin zurück. Insofern begründet sich Unterlegenheit nicht natural, sondern funktional, d. h. aufgrund von freier Einsicht in eine sachliche Notwendigkeit: „Die Törichten sind notwendigerweise zu Sklaven der Weisen geworden, da sie sich nicht selbst regieren konnten."[3] Dass wiederum auf diese Weise das Ziel der Herrschaft nicht lediglich die Gewährleistung der Existenzsicherung, sondern die Freiheit selbst ist, zeigt folgende Feststellung: „Der Unterlegene ist wegen der Notwendigkeit unsicherer, des Willens wegen stärker, weil das Gute schöner ist, was nicht aus Notwendigkeit geschieht, sondern kraft des Willens."[4]

Im Vergleich von Notwendigkeit und Freiheit, d.h. von äußerer und innerer Bedingtheit unseres Handelns, genießt die Freiheit den Vorrang. Gerade die Anerkennung und Übernahme der inneren Bedingtheit unseres Handelns ist wesentlicher Akt unserer Freiheit. Insofern ist Herrschaft zuletzt oder zuerst eine Frage des Wollens oder der Freiheit.

[3] Nikolaus von Kues (De concordantia catholica III, n. 273): „licet ex necessitate insipientes, quia se ipsos regere non poterant, servi sapientum effecti sunt".

[4] Ebd.: „Servitus est enim necessitatis infirmior, voluntatis fortior, quia pulchris est bonum, quod non ex necessitate fit, sed ex voluntate".

Für die Begründung von Herrschaft besagt dies: Diese beruht über ihre funktionale Notwendigkeit hinaus auf Einwilligung oder Freiheit. Herrschaft ist deswegen für Cusanus Dienstleistung unter aus Freiheit Gleichen.

Ein weiterer Gesichtspunkt kommt hier hinzu: der Gesichtspunkt der Zeit. Die Legitimation der Herrschenden durch das Volk schließt ein, dass das Volk diese auch wieder entziehen kann. Die Herrschaft ist also nur „für eine bestimmte Zeit" (*pro tempore utili*) eingesetzt. Nur solange das Volk es will, sind einige dazu ermächtigt, die Herrschaft über andere auszuüben.

Herrschaft ist somit eine gute Herrschaft, wenn sie 1. von der auf Freiheit gründenden Zustimmung aller getragen wird; wenn 2. die Herrschaft aus Kompetenz zum Wohle aller ausgeübt wird und wenn sie 3. zeitlich begrenzt ist. Vorraussetzung ist die in der Freiheit begründete Gleichheit aller Menschen.

Sermo CCLXXII

Um die Predigten des Nikolaus von Kues recht verstehen zu können, ist es unabdingbar, ihnen nicht mit unserem heutigen Verständnis einer Predigt zu begegnen. Zu der Zeit des Nikolaus von Kues war es unüblich, dass die Bischöfe regelmäßig selber predigten. Dementsprechend predigte auch Cusanus in den Jahren zwischen 1430 und 1449 nur zu speziellen Anlässen, d. h. zu hohen kirchlichen Festen. Entgegen seiner späteren Brixener Predigttätigkeit, bei der er regelmäßig zu den jeweiligen biblischen Texten predigte, handelte es sich bei seinen frühen Predigten um thematisch orientierte Predigten. D. h. diese Predigten waren nicht in erster Linie seelsorglich orientiert. Stattdessen waren sie Ausdruck der spekulativ-praktischen Reflexionen des Cusanus. Ausgangspunkt für seine Reflexionen waren dabei theologische oder biblische Texte. Predigt Nr. 272 wird zu den späteren Predigten gezählt. Sie wurde am 13. März 1457 von Nikolaus von Kues in Brixen gehalten.

Cusanus äußert sich in dieser Predigt zum Zusammenhang von praktischer Vernunft und natürlichem Gesetz: Dem Menschen ist von Anfang an, vom Moment seiner Erschaffung/Setzung durch Gott die praktische Vernunft gegeben. Die praktischen Vernunft ist Ursprungsort des natürlichen Gesetzes (*lex naturalis*). Der Mensch findet daher das Naturgesetz bereits in sich, d. h. in seinem Verstand selbst vor. Das Naturgesetz besagt, dass der erkannte Gott zu verehren, Gutes von Bösem zu unterscheiden und Gutes zu tun ist. Durch die in seinem Geist bereits vorhandene Kenntnis des Naturgesetzes ist der Mensch von Anfang an in der Lage, dem praktisch-normativen Gehalt des Naturgesetzes zu entsprechen bzw. entsprechend zu handeln. Wenn er dem Naturgesetz entsprechend handelt, handelt der Mensch gerecht, denn das „natürliche Vernunft-Gesetz ist der Weg der Gerechtigkeit" (*haec lex naturae rationalis est via iustitiae*). Das geforderte Handeln muß sich im Konkreten an der Goldenen Regel orientieren. Indem der Mensch dem anderen nicht tut, was man selbst auch nicht erleiden will (*scilicet alteri non facere, quod ipse non vult pati*), entspricht er in objektiver und subjektiver Hinsicht dem Naturgesetz. Eine praktische Konsequenz des moralisch guten und gerechten Handelns ist für Cusanus, dass das Wissen um den Weg der Gerechtigkeit anderen Menschen weitergegeben werden soll – so wie es Cusanus mit dieser Predigt tut.

Sermo XXIV

Der vorliegende Textabschnitt entstammt der Predigt Nr. 24, die Cusanus am Anfang des Jahres 1441 in Augsburg verfasst hat.

Cusanus äußert sich darin ausführlich zum rechten Verständnis des ‚Vaterunser'.[5] Dabei stellt er eine Verbindung zwischen dem Vaterunser und der Goldenen Regel her. Indem er die Goldene Regel religiös interpretiert, gelingt es ihm, sein Interesse an der menschlichen Praxis im theologischen Kontext zu verdeutlichen.

Den Anknüpfungspunkt zwischen dem ‚Vaterunser' und der Goldenen Regel sieht Cusanus in der Aussage des Vaterunser: „Vergib uns unsere Schuld, wie wir vergeben unserm Schuldigern" (*Et dimitte nobis debita nostra sicut nos facimus debitoribus nostris!*)! In diesem Zusammenhang sagte Cusanus in *sermo XXIII*: „Niemand darf den Bruder in Christus hassen, wenn er von Gott geliebt werden möchte!" (*Nemo igitur fratrem in Christo odire debet, si a Deo diligi voluerit!*)

Ziel des Christen ist die Vergebung durch Gott, d. h. die Liebe Gottes zu erlangen. Hier stellt sich dem Menschen zunächst einmal die Frage, was ist unter der Vergebung Gottes vorzustellen? Die Antwort darauf gibt Jesus: „Vergib uns unsere Schuld, wie auch wir vergeben unserm Schuldigern!" (*Et dimitte nobis debita nostra sicut nos facimus debitoribus nostris!*) Die Vergebung Gottes richtet sich nach unserer Vergebungsbereitschaft. Gott vergibt uns, wie wir bereit sind, anderen bzw. einander zu vergeben. So, wie wir vergeben, so können wir uns die Vergebung Gottes vorstellen. Unser Vergeben aber soll sich an der Goldenen Regel, d. h. an „Christi Gesetz" (*legem Christi*) orientieren. In diesem Sinne wird dann die Goldene Regel zum Maßstab der religiösen Vergebung. Wenn der Mensch daher sich die Vergebung seiner Schuld durch Gott wünscht, ist er aufge-

[5] Bei Sermo XXIV handelt es sich um eine ‚Vaterunser'-Erklärung im moselfränkischen Dialekt des Cusanus. Cusanus verfaßte diese Erläuterung des ‚Vaterunser' auf Bitten des Bischofs von Augsburg unmittelbar, nachdem er am Neujahrsfest in Augsburg zum Vaterunser gepredigt hatte. Bei dieser Predigt handelt es sich um sermo XXIII, die somit in enger Verbindung zu unserem Text steht.

fordert, seinerseits ebenso anderen die Schuld zu vergeben. Nichts anderes fordert in diesem Zusammenhang die Goldene Regel, wenn es dort heißt: „Was du willst, das Dir getan wird, das tu auch anderen“ (*aliis facere, ut quis sibi vellet fieri*). Das bedeutet, dass die Menschen bzw. Christen einander die Schuld vergeben sollen, wenn sie nach Vergebung durch Gott trachten. Dieser Forderung nach gegenseitiger Vergebung verleiht Cusanus Nachdruck, indem er daran erinnert, dass alle Christen einander gleich sind, da sie „Brüder in Christus“ (*fratrem in Christo*) sind. Dieser Gleichheit wird also insoweit Rechnung getragen, wie die Goldene Regel dann konkret zur Anwendung gebracht wird. Gegenseitige Vergebung ist somit eine religiös-praktische Umsetzung der Goldenen Regel. Dadurch kann sich der Einzelne dem christlichen Ziel, der Vergebung Gottes bzw. der Liebe nähern.

Im Verständnis dieses Zusammenhangs ist es wichtig zu berücksichtigen, dass wir keinen Anspruch auf die Vergebung Gottes ableiten können. Unsere Vergebung dient einzig der Veranschaulichung, wie wir uns die Vergebung Gottes vorstellen können. Anderen zu vergeben hat nicht zwingenderweise die Vergebung Gottes bzw. dessen Liebe zur Folge, sondern ist als eine Voraussetzung bzw. Handlungsbedingung zu verstehen, deren Erfüllung in unserer Macht liegt. Die Vergebung bzw. die Liebe Gottes wird dem Menschen als Gnade zuteil. Darauf hat er keinen Anspruch! Er kann nicht durch bestimmte Taten Vergebung bzw. Liebe durch Gott erwarten. Dennoch aber ist der Mensch aufgefordert, die Goldene Regel in seinen konkreten Handlungen zur Anwendung zu bringen, denn sie dient dem Guten. Aufgrund seiner Vernunftnatur muss der Mensch die Goldene Regel um des Guten willen umsetzen. So legitimiert sie sich allein in der Vernunftnatur des Menschen, d.h. an dessen praktischem Selbstverständnis, und nicht unter Zielgesichtspunkten. Die

Goldene Regel ist eine universelle ethische Handlungsbedingung, die – gerade weil sie frei ist von spezifischen Kontexten – in verschiedenen Bereichen – hier im religiösen Bereich – angewendet werden kann. In dieser Predigt zeigt Cusanus ihre Anwendung im religiösen Kontext. Dabei behält die Goldene Regel ihre Selbständigkeit und garantiert nicht das Erreichen des Ziels. Sie ist aber eine sinnvolle Handlungsbedingung, die der Vernunftmensch darum anwendet.

Mit diesem Verständnis macht Cusanus deutlich, dass er die Ethik nicht als eine von der Theologie abhängige Größe versteht. Ethik ist ein eigenständiger Bereich. In der Art, wie er die Goldene Regel hier diskutiert, zeigt er die Differenz von Ethik und Theologie auf. In diesem Sinne wird er der ethischen Tradition gerecht.

Literaturhinweise

Quellen

Nikolaus von Kues, Opera omnia iussu et auctoritate Academiae Litterarum Heidelbergensis ad codicum fidem edita, Leipzig/Hamburg 1932ff.

–: Idiota de mente. Der Laie über den Geist. Lt.-Dt., hrsg. v. R. Steiger, m.e. Einl. vers. v. G. Santinello, Hamburg 1995.

–: De coniecturis. Mutmaßungen. Lt.-Dt., hrsg. v. W. Happ/J. Koch, 2. verb. Aufl., Hamburg 1988.

–: De docta ignorantia. Die belehrte Unwissenheit. Lt.-Dt., hrsg. v. P. Wilpert/ H.G. Senger, Buch II, 2. verb. Aufl., bes.v. H.G. Senger, Hamburg 1998.

–: Marginalien zur aristotelischen Politik, hrsg. v. G. Krieger/S. Thomas (im Erscheinen begriffen).

–: Die Vaterunser-Erklärung in der Volkssprache. Der moselfränkische Text ins Neuhochdeutsche übertr. v. W. Jungandreas. Zweite, vollst. überarb. Aufl. von K. Gärtner/ A. Rapp, Trier 1999.

–: The Catholic Concordance, ed. a. transl. by P.F. Sigmund, Cambridge 1991.

J. Marx, Verzeichnis der Handschriften-Sammlung des Hospitals zu Cues bei Bernkastel a. d. Mosel, Trier 1905/ND Frankfurt a. M. 1966, 167.

Sonstige Literatur

Benz, H.: Ziel des sittlichen Handelns und einer philosophisch-theologischen Ethik bei Nikolaus von Kues, in: MFCG 26 (2000), 209–258.

Berberich, O.: Cusanus und das St. Nikolaus-Hospital Bernkastel-Kues, Bernkastel-Kues 1995.

Christianson, G.: Cusanus, Concord, and Conflict, in: K. Yamaki (Hrsg.), Nicholas of Cusa: A Medieval Thinker for the Modern Age, Richmond 2002, 206–219.

Congar, Y.M.J.: Quod omnes tangit, ab omnibus tractari et approbari debet, in: H. Rausch (Hrsg.), Die geschichtlichen Grundlagen der modernen Volksvertretung, Darmstadt 1980, 115–182.

Flasch, K.: Nicolaus Cusanus, München 2001.

Flügler, Chr.: Politischer Aristotelismus im Mittelalter, in: Vivarium 40,1 (2002), 1–13.

–: Der Einfluß der Aristotelischen „Politica" auf die philosophische Begründung politischer Herrschaft, in: G. Mensching (Hrsg.), Gewalt und ihre Legitimation im Mittelalter, Würzburg 2000, 65–78.

HAARI-OBERG, I.: Die Wirkungsgeschichte der Trierer Gründungssage vom 10. bis 15. Jahrhundert, Bern 1994.

HEROLD, N.: Die Willensfreiheit des Menschen im Kontext sittlichen Handelns bei Nikolaus von Kues, in: MFCG 26 (2000), 145–179.

HOPKINS, J.: Die Tugenden in der Sicht des Nikolaus von Kues. Ihre Vielfalt, ihr Verhältnis untereinander und ihr Sein. Erbe und Neuansatz, in: MFCG 26 (2000), 9–33.

LÜCKING-MICHEL, C.: Konkordanz und Konsens: Zur Gesellschaftstheorie in der Schrift *De concordantia catholica* des Nicolaus von Cues, Würzburg 1994.

MARANGIU, A.: Das Prinzip der Demokratie und der Zustimmung (Quod omnes tangit, ab omnibus approbari debet) im 14. Jahrhundert, in: H. Rausch (Hrsg.), Die geschichtlichen Grundlagen der modernen Volksvertretung, Darmstadt 1980, 183–211.

MARX, J.: Geschichte des Armen-Hospitals zum h. Nikolaus zu Cues, Trier 1907.

MCGRADE, A.S.: Dark Ages and Enlightenments, Medieval and Modern: Relationships in Political Philosophy, in: S. F. Brown, Meeting of the minds. The relations between medieval and classical modern european philosophy, Turnhout 1999, 459–475.

MEIER, U.: Mensch und Bürger. Die Stadt im Denken spätmittelalterlicher Theologen, Philosophen und Juristen, München 1994, bes. 116–127.

MERTENS, D.: Geschichte der politischen Ideen im Mittelalter, in: H. Fenske (Hrsg.), Geschichte der politischen Ideen. Von Homer bis zur Gegenwart, Königstein i. Ts. 1981. 2. durchges. Aufl. Frankfurt/M. 1987.1990, 141–238, 587-596.

MIETHKE, J.: Politische Theorien im Mittelalter, in: H.-J. Lieber (Hrsg.), Politische Theorien von der Antike bis zur Gegenwart, Bonn 21993, 47–156.

–: (Hrsg.): Das Publikum politischer Theorien im 14. Jahrhundert, München 1992.

NEUSIUS, G.: Nikolaus von Kues (1401–1464). Ein bewegtes Leben, Lindenberg 2001.

PIAIA, G.: Marsilius von Padua († um 1342) und Nicolaus Cusanus († 1464): Eine zweideutige Beziehung? in: MFCG 24(1998), 171–193.

SENGER, H.G.: Zur Frage nach einer philosophischen Ethik des Nikolaus von Kues, in: WiWei 33 (1970), 5–25, 110–122.

–: Gerechtigkeit und Gleichheit und ihre Bedeutung für die Tugendlehre des Nikolaus von Kues, in: MFCG 26 (2000), 39–57.

SIGMUND, P.E.: The Concept of Equality in the Political Thought of Nicholas of Cusa, in: Nicolò Cusano agli inizi del mondo moderno: Atti del Congresso internazionale in occasione del V centenario della morte di Nicolò Cusano, Bressanone, 6–10 settembre 1964, Florenz 1970, 507–521.

–: Nicholas of Cusa and Medieval Political Thought, Cambridge 1963.

–: Konsens, Repräsentation und die Herrschaft der Mehrheit bei Marsilius und Cusanus, in: MFCG 24 (1998), 195–208.

WATANABE, M.: Political and Legal Ideas, in: C.M. Bellitto/T.M. Izbicki/G. Christianson (Hrsg.), Introducing Nicholas of Cusa. A Guide to a Renaissance Man, New York 2004, 141–165.

–: Concord and Discord: Nicholas of Cusa as a Legal and Political Thinker, in: K. Yamaki (Hrsg.), Nicholas of Cusa: A Medieval Thinker for the Modern Age, Richmond 2002, 47–59.

–: The Political Ideas of Nicholas of cusa, with Special Reference to his De Concordantia catholica, Genf 1963.

VOGTS, H.: Das Hospital St. Nikolaus zu Cues, Trier 1958.

WATANANBE, M./IZBICKI, T.M./CHRISTIANSON, G.: Concord ans Reform: Nicholas of Cusa and Legal and Political Ideas in the Fifteenth Century, Aldershot 2001.

WINKLER, N.: Nikolaus von Kues zur Einführung, Hamburg 2001.

Textnachweise

Idiota de mente

Lt.-dt. Text aus: Nicolai de Cusa, Idiota de mente. Der Laie über den Geist. Lt.-Dt., hrsg. v. R. Steiger, m.e. Einl. vers. v. G. Santinello, Hamburg 1995.

De coniecturis

Lt.-dt. Text aus: Nicolai de Cusa, De coniecturis. Mutmaßungen. Lt.-Dt., hrsg. v. W. Happ/J. Koch, 2. verb. Aufl., Hamburg 1988.

De docta ignorantia:

Lt.-dt. Text aus: Nicolai de Cusa, De docta ignorantia. Die belehrte Unwissenheit. Lt.-Dt., hrsg. v. P. Wilpert/H.G. Senger, Buch II, 2. verb. Aufl., Hamburg 1998.

De aequalitate:

Lt. Text aus: Nikolaus von Kues, Opera omnia iussu et auctoritate Academiae Litterarum Heidelbergensis ad codicum fidem edita, Leipzig/Hamburg 1932ff.

Dt. Übersetzung: G. Krieger/S. Thomas, Trier 2004.

De concordantia catholica:

Lt. Text aus: Nikolaus von Kues, Opera omnia iussu et auctoritate Academiae Litterarum Heidelbergensis ad codicum fidem edita, Leipzig/Hamburg 1932ff.

Dt. Übersetzung: G. Krieger/S. Thomas, Trier 2004.

Sermo CCLXXII:

Lt. Text aus: Nikolaus von Kues, Opera omnia iussu et auctoritate Academiae Litterarum Heidelbergensis ad codicum fidem edita, Leipzig/Hamburg 1932ff.

Dt. Übersetzung: G. Krieger/S. Thomas, Trier 2005.

Sermo XXIV

Lt. und moselfränkischer Text aus: Nikolaus von Kues, Opera omnia iussu et auctoritate Academiae Litterarum Heidelbergensis ad codicum fidem edita, Leipzig/Hamburg 1932ff.

Dt. Text: Nikolaus von Kues, Die Vaterunser-Erklärung in der Volkssprache. Der moselfränkische Text ins Neuhochdeutsche übertr. v. W. Jungandreas. Zweite, vollst. überarb. Aufl. von K. Gärtner/ A. Rapp, Trier 1999.

Anhang

a) Lebensdaten des Nikolaus von Kues

1401	Nikolaus von Kues wird in Kues/Mosel geboren
1416	Studium der artes liberales (~ sieben freien Künste) in Heidelberg
1423	Studium des Kirchenrechts in Padua, Abschluss: doctor decretorum
1425	Studium der Theologie bei Heymericus de Campo in Köln; Sekretär des Trierer Erzbischofs; Pfarrstelle in Altrich
1428	Reise nach Paris. Studium der Werke Ramon Lulls; Ablehnung eines Lehrstuhls für kanonisches Recht (ebenso 1435)
1430	Kanzler des Trierer Bischofskandidaten Ulrich von Manderscheid
1432	Cusanus auf dem Basler Konzil
1433–34	*De Concordantia Catholica*
1436	Cusanus wechselt zur Papstpartei auf dem Konzil
1438	Gesandter von Papst Eugen IV. auf deutschen Reichstagen
1440	*De docta ignorantia*
1440–44	*De coniecturis*
1441	*Sermo XXIV*
1447	Nikolaus V. wird Papst
1448	Cusanus wird zum Kardinal mit der Titelkirche San Pietro in vinculi ernannt
1450	*De mente*
1450/51	Legationsreise durch Deutschland
1451	Bischof von Brixen; andauernde Probleme dort mit Herzog Sigmund von Tirol
1457	Cusanus wird Kurienkardinal und Generalvikar in Rom; Sermo CCLXXII
1459	*De Aequalitate*
1460	endgültiger Rückzug aus Brixen
1464	am 11. August stirbt Nikolaus von Kues in Todi.

b) Stiftungsurkunde

Nikolaus von Kues hat ein Armenhospital gegründet: Das St. Nikolaus-Hospital in Kues, das bis auf den heutigen Tag besteht. In der Stiftungsurkunde gibt der Kardinal Auskunft sowohl über seine Motive als auch über Bedingungen der Aufnahme, die Einrichtung und das innere Leben:

Nicolaus de Cusa, Miseratione divina tituli sancti petri ad vincula Sacrosancte Romane Ecclesie prespyter Cardinalis, Episcopus Brixinensis, Universis et singulis cristifidelibus presentibus et futuris Salutem in Domino sempiternam. Quoniam ut ait apostulus omnes stabinus ante tribunal christi, recepturi, prout in corpore gessimus, sive bonum fuerit sive malum, oportet nos diem messionis extreme misericordie operibus prevenire et eternorum intuitu seminare in terris, quod reddente domino cum multiplicato fructu recolligare mereamur in celis, qui enim parce seminat parce et metet, Et qui seminat in benedictionibus de benedictionibus metet vitam eternam. Cum vero dicat salvator noster Vigilate itaque quia nescitis (diem) neque horam, Hac nos divina ammonitione incitati dudum de celestibus thesaurisare desiderantes et seminare in terris, quod multiplicato fructu recolligere possimus in celis, provideque considerantes, quanta deus, omnium largitur bonorum, remuneratione preveniat pia hospitalitatis et miseration(is) opera pauperibus et miserabilibus personis impensa, Circa Capellam sancti Nicolai sitam infra limites parochialis ecclesie ville

Nikolaus von Kues, durch Gottes Erbarmen der hl. römischen Kirche Kardinalpriester, Titels zu den Ketten des hl. Petrus, Bischof von Brixen, allen und jedem gegenwärtigen und zukünftigen Christgläubigen ewiges Heil im Herrn. Da nach den Worten des Apostels wir alle vor dem Richterstuhle Christi stehen werden, um zu empfangen (Lohn oder Strafe), je nachdem wir im leiblichen Leben Gutes oder Böses getan haben, so müssen wir dem Tage der letzten Ernte zuvorkommen durch Werke der Barmherzigkeit und im Ausblick auf die Ewigkeit auf Erden säen, was wir im Himmel verdienen wollen zu ernten aus der Hand des mit vielfacher Frucht vergeltenden Herrn; denn wer spärlich säet, wird auch spärlich ernten, wer aber Gutes säet, wird auch Gutes ernten (2 Kor 9,6), das ewige Leben (Gal 6, 8). Da nun unser Heiland (warnend) sagt: Wachet also, denn ihr wisset nicht die Stunde, so haben wir, durch diese Mahnung Gottes angetrieben, schon lange gewünscht, uns Schätze im Himmel zu sammeln und auf Erden zu säen, was wir im Himmel als vielfältige Frucht ernten könnten, und ernstlich erwogen, welch reichlichen Lohn der Ge-

Cusa ex opposito oppidi Berbeb-Castell prope fluvium Mosellam Treverensis diocesis antiquam quandam Capellam demoliri et ibidem de bonis nobis a deo cllatis opere sumptuoso, in quo ultra decem milia florenorum auri de rheno expendimus, Capellam novam cum ambitu, Refectorio, domibus ac cellis et aliis necessariis officinis pro hospitandis et recipiendis ac fovendis ibidem cristi pauperibus et miserabilibus elaboratis personis iuxta numerum annorum cristi salvatoris nostri in terris, ipsorumque ac ministrorum illis obsequentium, necnon quorundam presbyterorum, qui in dicta nova Capella divina celebrent officia, ipsorumque pauperum in ipso hospitali pro tempore degentium et ministrorum animarum curam gerant et illis ecclesiastica sacramenta ministrent, construi et edificari fecimus; In his bone memorie Jacobi Archiepiscopi Treverensis intervenientibus auctoritate et consensu, Summopere cupientes eadem edificia in hospitale pauperum sub vocabulo sancti Nicolai episcopi erigi et instaurari, prout per presentes illa quantum in nobis est, erigimus, instauramus atque fundamus.

ber alles Guten gibt für die Werke gastfreundlicher Barmherzigkeit, welche wir den Armen und Notleidenden erweisen. Deswegen haben wir an der Stelle, wo die St. Nikolaus-Kapelle innerhalb des Gebietes der Pfarrkirche des Dorfes Kues der Stadt Bernkastel gegenüber am Ufer des Moselflusses in der Diözese Trier gestanden war, die alte Kapelle niederlegen und mit dem Vermögen, das uns Gott verliehen, in kostspieligem Baue, auf den wir mehr als 10000 rhein. Goldgulden verwendeten, eine neue Kapelle errichten lassen mit Kreuzgang, Speisesaal, Häusern und Zellen und den anderen Gelassen, welche erforderlich sind für die Aufnahme und Beherbergung armer und notleidender Personen nach der Zahl der Jahre, welche Christus, unser Erlöser, auf Erden zugebracht hat für die Aufnahme der für ihren Dienst bestimmten Dienstboten, sowie einiger Priester, welche in der erwähnten Kapelle den Gottesdienst halten, die Seelsorge für die Armen und die Dienstboten leisten und denselben die Sakramente der Kirche spenden sollen, und zwar haben wir dies angeordnet mit Erlaubnis und Zustimmung des seligen Erzbischofs Jakob von Trier. Unserem Herzenswunsch folgend, errichten und bestimmen wir nun kraft dieser Urkunde dieses Gebäude zu einem Armen-Hospital, ihm den Namen des hl. Bischofs Nikolaus beilegend.

Die Bestimmungen der Stiftungsurkunde spiegeln deutlich das cusanische Verständnis von Gleichheit (vgl. hierzu auch die Ausführungen zu *De aequalitate*) wieder: Gleichheit impliziert Verschiedenheit und umgekehrt. Dementsprechend veranlaßte Nikolaus von Kues in einer für die damalige Zeit höchst ungewöhnlichen Vorschrift die Vereinigung der verschiedenen Stände der mittelalterlichen Gesellschaft im Hospital miteinander. Seine praktische Umsetzung findet der Gedanke der Gleichheit dann in der vom Gesichtspunkt der Gerechtigkeit geleiteten Gleichbehandlung aller Bewohner, denn jeder der Bewohner trug den gleichen Habit und hatte eine eigene Zelle von jeweils gleicher Größe. Die Goldene Regel war dazu das Prinzip, mit deren Hilfe im täglichen Zusammenleben dem Gedanken der Gleichheit Rechnung getragen wurde. Der Gedanke der Gleichheit aller vor Gott war auch der Grund der Stiftung des St. Nikolaus-Hospitals. Konkret war es die Sorge des Kardinals um seine Rechtfertigung vor Gott. Da alle Menschen am Ende ihres irdischen Lebens vor „den Richterstuhl Christi" treten, um ihren Lohn oder ihre Strafe zu empfangen, möchte Cusanus ein Werk der Barmherzigkeit tun. Für ihn steht fest, dass der Mensch das, was er im Himmel ernten will, auf Erden säen muss. Der Mensch kann demnach keinen Lohn vom Herrn erwarten, wenn er nicht Zeit seines Lebens barmherzige Werke tut. Dieses Verständnis des Verhältnisses von irdischen Taten und himmlischer Entlohnung kann man in Entsprechung zur Goldenen Regel deuten: Wer sich die Barmherzigkeit und Vergebung Gottes wünscht, soll seinerseits barmherzig sein und Vergebung üben.

c) Trierer Gründungssage

Am Ende (n. 280) des Proömiums zum dritten Buch der *concordantia catholica* führt Cusanus die Trierer Gründungssage an. Die Sage ist in ihrem Kern vermutlich gegen Ende des 10. Jahrhunderts entstanden und in der Hystoria Treverorum (1050–1060) und Anfang des 12. Jahrhunderts von einem Trierer Mönch aus dem Kloster St. Eucharius (heute St. Matthias) als ausführliche Erzählung niedergeschrieben. In den folgenden Jahrhunderten wurde die Sage unterschiedlich interpretiert und ausgeschmückt; sie fand bis zum 15. Jahrhundert in vielen Städten Europas Verbreitung. Nach Ilse Haari-Oberg (Die Wirkungsgeschichte der Trierer Gründungssage vom 10. bis 15. Jahrhundert, Bern 1994) sind vom 10. bis 15. Jahrhundert insgesamt 52 verschiedene Fassungen bekannt.

Nemroth enim coepit robustus venator esse primo post diluvium, ac Ninus, Assyriorum primus rex, Beli filius, qui primus arma foris extulit libidinis donünandi causa, et post eum Semiramis, eius uxor, quae Trebetam, priv gnüm Nini ex alia Chaldaea uxore filium, patria regnoque expulit, ut ferunt historiae, ob causam quia ipsa in eius exarsit amore quam, quia vitrica eius, iuste sprevit. Ipsa eum insequente Europam adiit ac demum locum mansivum campo quodam amoenissimo interluente eum Mosella, de quo Ausonius admirandum huius fluvii nominis opus metro contexit, delegit ac nostram. ibi sui nominis urbem condidit Trebericam, omnium quae in Europa sunt primam, anno 42. nativitatis Abrahae, ut veteres dicunt historiae. Sed haec praeter propositum.

Nemroth nämlich begann ein starker Jäger zu sein zuerst nach der Flut und Ninus, der erste König der Assyrer, Sohn des Belus, der als erster Waffen einsetzte wegen seines Herschaftsinteresses. Nach diesem kam Semiramis, seine Frau, die Trebtas, Stiefsohn des Ninus und Sohn einer anderen Frau aus Chaldea, aus dem Vaterland und von der Herrschaft vertrieb – wie die Historiker berichten – und zwar deswegen, weil sie selbst in Liebe zu ihm verfallen war, als er sie als Stiefmutter auf gerechte Art und Weise verschmähte. Sie selbst folgte ihm unmittelbar nach Europa, der einen Wohnort in einem bestimmten besonders angenehmen Raum wählte, durch den die Mosel floß und über den Ausonius ein bewundernswertes Gedicht mit dem Namen dieses Flusses verfasst hat. Und er gründete dort unsere Stadt seines Namens Trebericam, die in Europa die erste von allen Städten ist, im Jahre 42 nach der Geburt des Abraham, wie die alte Geschichtsschreibung erzählt. Aber das nur am Rande.